꼬불꼬불나라의
돈 이야기

에듀텔링 013

꼬불꼬불나라의 돈 이야기

초판 1쇄 인쇄 | 2025년 3월 5일
초판 1쇄 발행 | 2025년 3월 9일

지은이 | 서해경
그린이 | 정우열
펴낸이 | 나힘찬

기획총괄 | 김리하
디자인총괄 | 고문화
인쇄총괄 | 야진북스
유통총괄 | 북패스

펴낸곳 | 풀빛미디어
등록 | 1998년 1월 12일 제2021-000055호
주소 | (10411) 경기도 고양시 일산동구 정발산로 166번길 21-9
전화 | 031-903-0210
팩스 | 02-6455-2026
이메일 | sightman@naver.com

유튜브 | youtube.com/@풀빛미디어
엑스 | x.com/pulbit_media
블로그 | blog.naver.com/pulbitme
인스타그램 | @pulbitmedia
페이스북 | facebook.com/pulbitmedia

ISBN 978-89-6734-203-6 73320

저작권법에 따라 보호받는 저작물이므로 무단 전재와 복제를 금합니다.
책값은 뒤표지에 있습니다.
파본은 구매하신 서점에서 바꾸어 드립니다.

어린이제품 안전특별법에 의한 기타표시사항

제품명 도서 | 제조자명 풀빛미디어 | 제조년월 2025년 3월 | 사용연령 8세 이상 | 제조국명 한국
주소 (10411) 경기도 고양시 일산동구 정발산로 166번길 21-9 | 전화번호 031-903-0210

에듀텔링 013

꼬불꼬불나라의 돈 이야기

서해경 글 | 정우열 그림

풀빛미디어
Pulbit media

이 책을 읽는 어린이에게

어느 먼 곳에 꼬불꼬불나라가 있어요. 팔자수염을 멋있게 기른 수염왕이 다스리던 나라예요. 그러다 수염왕이 제멋대로 나라를 다스려서 국민에게 쫓겨났어요. 그 뒤 수염왕은 다양한 일에 도전했어요. 꼬불꼬불면을 만들어 팔아서 왕식품 주식회사를 세우고, 세계 여러 곳을 탐험하며 기후, 지리, 문명을 경험했지요.

이번엔 일성공, 일마리 두 남매를 맡아서 경제를 교육해 주기로 해요. 그런데 회사를 경영하는 수염왕보다 살림을 맡아 하는 일성공이 가정 경제는 더 잘 알아요. 게다가 일성공은 주식 투자로 꽤 많은 돈을 벌고 있었지요. 일성공이 왕식품 주식회사의 주주이기도 하고요.

반면에 일마리는 돈과 경제에 전혀 관심이 없어요. 처음 보는 사

람에게 돈을 다 줘 버리고 돈이 모자라 곤란을 겪기도 해요.

　사실 어린이도 돈이 필요할 때가 많아요. 사고 싶은 것, 먹고 싶은 것도 많고 친구들과 함께 놀 때도 돈이 필요해요. 그런데 어린이가 쓰는 돈은 대부분 부모님이 용돈으로 주신 거예요. 그래서 용돈을 어떻게 관리해야 하는지는 잘 알 거예요. 정작 필요한 곳에 쓸 돈이 부족해 낭패를 겪지 않게 용돈은 계획적으로 쓰겠지요. 절약한 용돈은 차곡차곡 저축할 테고요. 일성공처럼 돈을 버는 친구도 있을 거예요.

우리 생활은 돈과 아주 밀접하게 연결되어 있답니다. 그래서 어렸을 때부터 돈을 알고, 합리적으로 돈을 사용하는 법을 익혀 가야 해요. 여러분 중 누군가는 '난 아직 어리니까 돈을 알 필요 없어. 내가 쓸 용돈은 부모님이 주실 거고, 내게 필요한 것도 부모님이 다 사 주실 거야.'라고 생각할지 몰라요. 하지만 내 용돈이 어떻게 생기는지, 우리 가족의 수입과 지출이 어떻게 이뤄지는지 등을 알면 합리적으로 소비할 수 있어요. 여러분도 곧 성인이 되고 직업을 가져서 직접 돈을 벌어야 하고요.

지금부터 기업 대표 수염왕, 가정 경제 전문가 일성공, 돈을 전혀 모르는 일마리와 함께 '돈'에 대해 알아볼 거예요. 일마리의 행동이 답답하게 느껴지면, 여러분은 이미 '돈'의 중요성을 알고 합리적으로 소비할 준비가 된 거랍니다.

서해경

목차

이 책을 읽는 어린이에게 … 4
등장인물 … 10
프롤로그 … 12

1/ 돈이란 건 말이야 … 19
〈돈이란?〉, 〈화폐의 변화〉

2/ 가정 경제는 내가 전문가 … 39
〈가계는 경제의 주체〉, 〈가계 지출①: 소비 지출과 저축〉

3/ 이런 도둑놈들 같으니라고! … 55
〈가계 지출②: 5대 사회보험〉, 〈가계 지출③: 세금〉

4/ 너희, 빈털터리네? … 71
〈금융과 은행의 다양한 역할〉, 〈다양한 소득〉

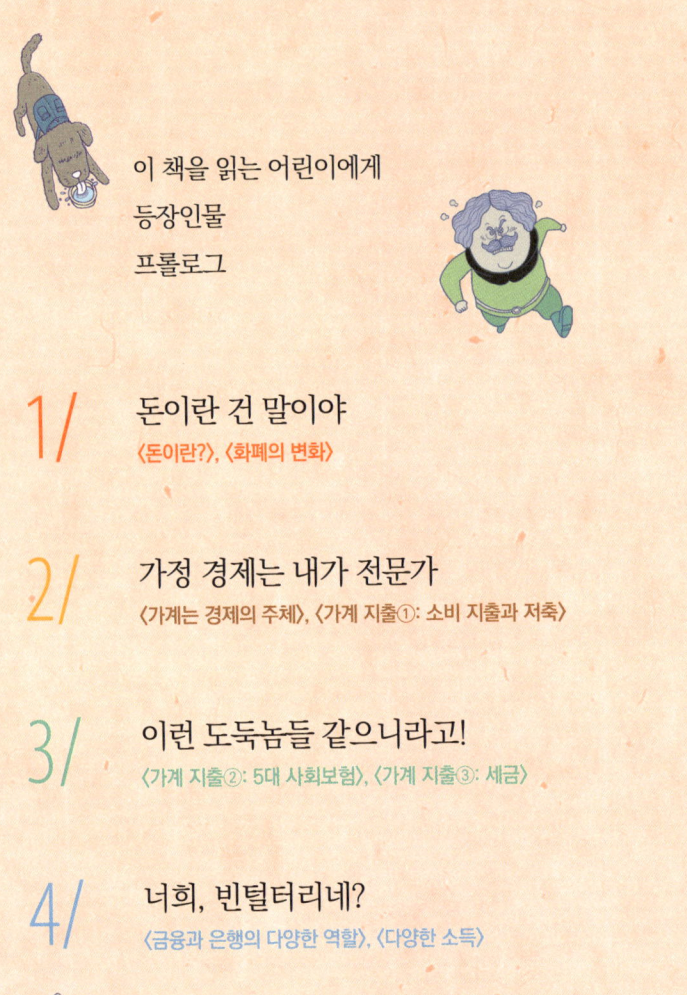

5/ 근로자를 보호해요 89
〈예금의 종류〉, 〈연말정산과 종합소득세 신고〉

6/ 저는 개미입니다 107
〈주식회사, 주식, 주주〉, 〈투자란?〉

7/ 너는 얼마나 믿을 만한가, 신용 125
〈신용과 신용카드〉, 〈로열티〉

8/ 어린이도 중요한 경제활동을 해요 141
〈왜 돈에 대해 배울까〉, 〈초등학생이 할 수 있는 돈 관리〉

등장인물

꼬불꼬불나라

■ 멀고 먼 곳에, 먼 옛날일 수도, 가까운 요즘일 수도 있는 시기에 있던 나라. 대대로 팔자수염을 기른 왕이 다스렸다. 수염왕은 꼬불꼬불나라의 마지막 왕이다.

수염왕

■ 꼬불꼬불나라의 마지막 왕. 황금성에서 태어났지만 국민에게 쫓겨난 뒤 아주 가난했던 적이 있다. '꼬불꼬불면'을 만드는 왕수염 회사를 차려 다시 부자가 되었다.

세바스찬

■ 수염왕이 다리 밑에서 만난 늙은 개. 수염왕에게 남은 유일한 친구. 볼품없는 개지만, 수염왕에 대한 충정이 대단하다.

일잘해 부장

■ 왕식품 주식회사의 영업부장. 항상 수염왕 사장의 눈치를 보지 않고 바른말을 한다. 얄미워서 해고하고 싶지만, 능력이 탁월하고 직원들의 존경을 받아서 자를 수도 없다. 혼자 남매를 키운다.

일성공

■ 일잘해 부장의 아들. 바쁜 아빠를 대신해서 살림에 큰 역할을 한다. 그러면서 돈에 관심이 생겼고, 생활비 절약뿐 아니라 주식 투자도 하며 돈을 모은다. 일성공의 숨겨진 정체를 알고 수염왕은 경악한다.

일마리

■ 일잘해 부장의 딸. 오빠 일성공과는 완전히 정반대로 천하태평하다. 돈을 잘 모르고 관심도 없어서 돈을 함부로 쓴다. 하지만 특별한 재주가 있어서 큰돈을 벌게 된다.

프롤로그

"저희 아이들, 잘 부탁드리겠습니다."

일잘해 부장이 남매를 수염왕 쪽으로 살짝 밀었어.

오빠 일성공과 여동생 일마리가 수염왕을 보며 어색하게 웃었어.

'흠' 수염왕이 남매를 위아래로 훑어보며 고개를 끄덕였지.

"내가 자식을 키운 경험은 없지만, 꼬불꼬불나라를 다스렸던 왕이었어. 즉 온 백성의 아버지였단 말이지. 그러니 요런 뽀시래기 돌보는 건 일도 아냐. 걱정 말고 회사일이나 온몸과 마음을 바쳐

열심히 해."

"감사합니다, 사장님. 길고긴나라에 도착하면 바로 일 시작하겠습니다."

일잘해 부장이 수염왕에게 고개 숙여 인사했어.

"아빠, 안녕히 다녀오세요. 저희 걱정은 마세요. 여름방학이니까 학원만 가면 되잖아요."

응응, 그만 가보게.

일성공이 일잘해 부장에게 말했어.

"아빠 올 때 선물 사 와. 안녕."

일마리가 아빠에게 손을 흔들었어.

"그래, 너희는 사장님 말씀 잘 듣고 건강하게 잘 지내렴."

일잘해 부장이 아이들 손을 잡고 눈을 맞췄어.

"그만 가보게. 비행기는 기다려 주지 않아."

수염왕이 팔자수염 끝을 손가락으로 비볐어. 다정한 가족을 보니 뭔가 불편했지.

"네, 사장님도 건강히 지내십시오."

일잘해 부장은 공항으로 출발했어.

"우와! 집이 엄청 크다. 그렇지, 오빠? 좋다, 좋다."

일마리가 수염왕의 집 정원에서 팔짝팔짝 뛰었어.

"나도 나중에 이런 집에서 살 거야."

일성공이 집을 찬찬히 둘러보며 말했어.

"그런 일은 절대 없다. 옛말에 '큰 부자는 노~~~력으로 되는 게 아니라, 하늘이 내는 거'라 했거든. 즉, 네가 무지무지 엄청나게 노력해도 나처럼 부자가 될 순 없다는 말씀!"

수염왕이 콧방귀를 뀌었어.

일성공이 입술을 삐죽 내밀었어.

세바스찬이 느릿느릿 남매에게 다가와 냄새를 맡았어.

"와! 너, 세바스찬이지? 오빠, 얘가 세바스찬 맞지?"

세바스찬이 다가오자 일마리가 조금 상기된 표정으로 양손을 내밀었어.

세바스찬이 코를 킁킁거리며 일마리 주위를 한 바퀴 돌았어. 일성공의 다리에도 코를 대고 냄새를 맡았어. 그러고는 천천히 뒤로 물러나 테라스 앞 자기 방석에 앉았지.

"좋아, 우리 세바스찬을 통과했군. 이제 내 말 잘 듣고 말썽 피우면 안 돼. 난 시끄러운 건 딱 질색이니까 조용히 지내고. 이제 너희 방으로 들어가거라."

수염왕은 아이들을 방으로 안내하고 자기도 침실로 들어갔어. 아이들과 함께 있으니 금방 피곤해지는 것 같았어. 으아아아함, 수염왕이 하품하며 침대로 뛰어들었어.

눕자마자 '뭐야 뭐야 뭐야! 시끄럽고 지저분하고 말도 안 듣는 조무래기들이랑 함께 살아야 하다니! 내가 무슨 짓을 저지른 거냐고!'라는 후회가 밀려들었어.

이 일의 시작은 사실 돈 때문이야.

일잘해 부장은 ㈜왕식품의 영업부장이야. 이번에 길고긴나라로 파견되어 근무할 거야. 그런데 길고긴나라는 세로족과 가로족이 서로 권력을 잡겠다고 수십 년째 전쟁 중이거든. 일잘해 부장은 위험한 나라에 아이들을 데려 가기 싫어서 파견 근무를 망설였지.

그러자 수염왕이 일잘해 부장의 아이들을 돌보겠다고 나섰어. 일잘해 부장을 위한 것처럼 말했지만 사실은 일잘해 부장만이 길고긴나라의 복잡하고 위험한 상황에서도 꼬불꼬불면을 왕창 팔 수 있을 테니까. 그리고 회사 경비도 아끼고 싶었어. 길고긴나라에 아이들을 데려가면, 아이들을 지킬 경호원이 필요해. 아이들 교육비, 생활비 등도 줘야 하지.

'안 돼, 그러면 돈이 너무 많이 들어. 회삿돈은 내 돈이니까.'

수염왕의 머릿속에서 경고음이 울렸어.

"내가 자네 아이들을 돌보겠네. 자네가 회사를 위해 살짝 위험할 수도 있는 나라에 가서 일하는데, 사장인 내가 고 정도는 해 줘야지."

수염왕 입에서 불쑥 이런 말이 나오고 말았던 거야.

"감사합니다. 이제 아이들 방학이라, 돌봐 줄 사람 없이 아이들만 집에 있어야 해서 걱정했습니다."

일잘해 부장이 눈물까지 글썽이며 고마워했어. 평소에 일잘해 부장은 수염왕에게 아부도 안 하고, 수염왕의 실수나 잘못된 행동은 바로 지적했어. 직원들은 수염왕보다 일잘해 부장을 더 존경하고, 일잘해 부장 SNS 팔로워 수도 수염왕보다 훨씬 많아. 샘나서 자르고 싶지만, 워낙 일을 잘해서 자를 수도 없어. 그래서 더 밉고 짜증 났지.

그런 일잘해 부장이 수염왕에게 눈물까지 흘리며 고마워하니, 수염왕은 만족했어. 콧구멍이 벌렁거리고, 팔자수염은 동그랗게 말리기 시작했어.

"아이들 걱정은 말게. 내가 잘 보살피겠네. 난 자비로운 수염왕이니까! 푸하하하하하."

이렇게 해서 수염왕과 일성공, 일마리 남매가 함께 살게 되었어.

1 돈이란 건 말이야

으아아아함, 수염왕이 기지개를 켜며 거실로 나왔어.

"안녕히 주무셨어요?"

일성공이 주방에서 달려와 수염왕에게 인사했어.

"너, 누구냐?"

수염왕이 눈을 비볐어. 목소리에 졸음이 가득했어.

"일잘해 부장의 아들 일성공이죠. 사장님, 아침 드세요. 제가 만들었어요."

일성공이 가슴을 쑥 내밀며 넉살 좋게 웃었어.

그러고 보니 일성공은 앞치마를 둘렀어. 노란 바탕에 초록 주머니가 양쪽에 달렸고, 파란 고등어와 빨간 사과 무늬가 수놓인 앞치마야.

"그래, 너구나! 그런데 레이스 없는 앞치마라니, 우아함이 전혀 없군."

수염왕이 고개를 저었어.

그 말을 듣고 세바스찬이 하얀 레이스가 달린 앞치마를 물어 왔어. 세바스찬이 일성공의 허벅지를 코로 쿡쿡 눌렀어.

"세바스찬이 그거 오빠더러 두르래."

일마리가 식탁 의자에서 일어나 세바스찬의 머리를 쓰다듬자, 세바스찬은 천천히 자기 방석으로 돌아가 누웠어.

"내가 아까는 잠이 덜 깨서 그냥 먹었는데, 왜 네가 아침밥을 했지?"

아침 식사 뒤, 수염왕은 일성공이 건넨 홍차를 마셨어.

"저희 남매를 맡아 주시는데 그냥 공짜 밥을 먹을 순 없어요. 저 요리도 잘하고 청소랑 빨래도 꽤 잘해요."

"호, 그래?"

수염왕은 새삼스레 일성공을 위아래로 훑어봤다. 열두 살 평범한 남자아이가 집안일을 한다고?

"아빠가 돈 벌고 집안일까지 다 하면 힘들어요. 제가 집안일은 도울 수 있으니까요."

일성공은 수염왕의 마음을 짐작한 듯 말했어. 그러면서 탁자에 어지럽게 널린 전단지를 정리했어.

"뭐 살 거 있어?"
수염왕이 탁자 앞 소파에 앉았어.
일성공이 마트에서 보낸 전단지를 내밀었어.
"알뜰마트에서 폭탄세일을 한대요. 1+1도 많고, 20~50%까지 할인하고요. 설거지할 때 보니까 주방 세제가 별로 안 남아서 새로 사야겠어요."
일성공은 전단지에서 눈을 떼지 못했어.
"화장실 휴지도 1개 남았을걸. 시계가 점점 느려지는 걸 보면 건전지가 다 닳은 거 같아. 맞다, 우리 세바스찬이 먹을 육포랑 유산균도 쬐끔 남았어."
수염왕이 손가락으로 팔자수염을 꼬다가 세바스찬을 찾아 주위를 둘러봤어.
세바스찬은 자기 방석에 누워 일마리에게 빗질을 받고 있었어. 꼬리가 살랑거렸어.
"음식도 사야죠. 저희도 먹으니까 평소보다 음식이 많이 필요하잖아요."

일성공이 주머니에서 스마트폰을 꺼냈어.

"음식? 나 잡채 먹고 싶어. 양갈비랑 피자, 소금만 뿌린 얇은 감자칩, 땅콩버터크림, 초콜릿아이스크림도 좋지."

"오빠, 나는 딸기……."

일성공이 일마리를 돌아보며 소리쳤어.

"제철과일이 싸고 영양소도 많아. 여름엔 수박, 복숭아, 자두, 참외지. 딸기우유 세일하니까 그걸로 참아. 그런데 잡채 재료는 있어요? 당면, 쇠고기, 당근, 시금치, 목이버섯이요."

일성공은 전단지에서 딸기우유가 세일하는 걸 확인했어. 그리고 스마트폰에 '딸기우유'를 적으며 수염왕에게 물었어.

"없지."

"알겠어요. 이제 장 보러 같이 가요."

일성공이 배낭에 장바구니 두 개를 넣으며 자리에서 일어났어.

다음날, 일성공과 일마리가 영어 학원에 가고 수염왕 혼자 늦은 아침을 먹었어.

'호, 고 녀석. 보기보다 쓸모가 아주 많구먼. 요리를 이렇게 잘할

줄이야. 청소는 또 어떻고. 면봉으로 창틀 구석까지 먼지 하나 없이 싹 닦았네. 그래, 이제 가사도우미는 부르지 말아야지, 크크크.'

수염왕이 버섯된장찌개 맛을 보며 고개를 끄덕였어. 일성공이 차려 준 아침밥은 아주 만족스러웠어. 물론 어제 먹은 잡채와 양갈비도 아주 맛있었고. 심지어 일성공은 오늘 저녁에 왕새우를 잔뜩 넣은 피자를 해 준다지 뭐야.

"오늘 저녁이 기대되는군. 흐으음."

수염왕은 콧노래를 흥얼거리며 회사에 출근했어.

새우피자를 많이 먹을 욕심에 수염왕은 점심을 굶었어.

'배고파. 배고프면 짜증이 나지. 사장이 짜증이 나면 직원들이 괴로워. 직원들이 괴로우면 일을 제대로 할 수 없지. 직원들이 일을 제대로 못 하면 회사는 돈을 잘 벌 수 없고, 그러면 사장은 더 짜증이 나고 직원들을 더 들들 볶아. 여기서 제일 중요한 점은 배고픈 사장이 바로 나라는 거야.'

수염왕은 퇴근 시간보다 1시간 30분 일찍 퇴근했어.

"이게 다 직원들과 회사를 위해서야. 아, 빨리 새우피자 먹고 싶다. 크크크."

수염왕은 신이 나서 집 현관문을 열었어.

그때 일성공과 일마리 남매가 얘기하는 소리가 들렸어.

"그래서 한 푼도 없다고? 아빠가 준 돈을 다 썼다고?"

일성공 목소리가 커졌다.

"응, 학원 친구들이랑 돈가스 먹고 노래방 가고 스티커 사진 찍었어. 주머니에 돈 있어서 그냥 내가 다 냈어. 그리고 또…… 집에 오는데 언니들이 돈 달래서 남은 돈 다 주고. 그 언니들, 차비가 없어서 집에 못 간대."

일마리가 얼굴을 찡그렸다. 차비 때문에 집에 못 간다는 그 언니들을 생각하니 불쌍했다.

"진짜 돈이 없으면 집에 전화하든가 어른한테 도움을 받지, 너 같은 꼬맹이한테 돈을 달라고 하겠어? 어휴, 넌 진짜……."

일성공이 고개를 절레절레 저었다.

"오빠는 불신자야!"

"불신자는 또 뭔 소리야! 넌 뜻도 모르는 말을 막 하더라? 그리고 너, 영어 마을 체험 수업 참가비 낼 돈 있어? 방학 동안 친구들이랑 아무 데도 안 갈 거야? 아무것도 안 사 먹고?"

"오빠 돈 있잖아. 오빠가 나, 돈 주면 되지."

"왜 내가 너한테 돈을 줘? 싫어!"

"맘대로 하셔. 난 돈 없어도 괜찮지롱."

일마리는 뭐가 좋은지 싱글벙글이었어.

"그만, 그만, 그만!"

수염왕이 소리 질렀다.

"안녕히 다녀오셨어요?"

"안녕히 다녀오셨어요? 저 오빠랑 싸운 거 아니에요."

일성공과 일마리가 수염왕에게 인사했다.

"나, 수염왕은 고요함을 아주 좋아해. 특히 형제들이 싸우는 소리는 질색이다!"

수염왕이 팔자수염 끝을 질겅질겅 씹었어.

"형제 아니고 남매……. 윽!"

일마리가 말하는데 일성공이 손가락으로 등을 쿡 찌르자, 말을 얼버무렸어.

"둘 다 여기 앉아 봐."

수염왕이 소파에 앉으며 맞은편 소파를 가리켰어.

일성공, 일마리가 소파에 앉자, 수염왕이 둘을 번갈아 봤어.

"내가 본의 아니게 듣게 되었는데 말이야, 네가 있는 돈을 다 써

서 영어 마을 체험 수업에 못 간다고."

"돈 없으면 못 가요?"

일마리 눈이 동그래졌다.

"참가비가 없는데 어떻게 가? 넌 친구들과 노는 것과 체험 수업 중에 친구들과 노는 것을 선택했어. 그러니 영어 마을에는 못 가지. 따라해 봐. '경제는 선택이다'."

"경제는 선택……. 근데 아빠한테 전화하면 다 돼요."

일마리가 수염왕의 말을 따라하다 말했어.

"아빠한테 전화하기만 해."

일성공이 일마리에게 눈을 부라렸어.

"눈 풀어. 어디 어른 앞에서 눈에 힘을 줘! 난 그런 건 못 봐."

수염왕이 일성공을 꾸짖자, 일마리가 혀를 날름 내밀었어.

"넌 혀 집어 넣고. 어디 어른 앞에서 혀를 날름거려. 난 그런 건 못 봐."

수염왕이 노려보자, 일마리가 움찔해 손으로 입을 가렸어.

"이런 이런 이런!!! 일잘해 부장이 회사일은 잘하는데, 자식 경제 교육은 엉망으로 했구먼."

수염왕이 양손으로 팔자수염을 당겼다 놓자 수염이 동그랗게

말렸어. 수염왕이 남매에게 말했어.

"할 수 없지, 내가 나설 수밖에. 내가 너희에게 '돈'에 대해 알려 주마. 괜찮아. 마음껏 감격하렴. 나, 수염왕은 다섯 살부터 꼬불꼬불나라의 경제와 돈의 세계를 공부했으니까, 크크크크."

수염왕은 허리에 양손을 얹고 배를 출렁이며 웃었어.

"저도 돈은 꽤 아는데……."

일성공이 중얼거렸어.

돈이란?

 오빠는 만날 '돈은 아주 중요한 거야. 돈에 대해 알아야 해.'라고 말해요. 돈이 진짜 중요해요?

 우리가 생활하는 모든 것이 돈과 관련이 있어. 음식, 집, 옷을 구하려면 다 돈이 있어야 해. 무용 학원, 영어 학원에 등록할 때도 돈이 있어야 하지. 그러니 '돈'을 아는 건 아주 중요해.

♠ 내가 왕이었다가 국민들에게 쫓겨나서 완전 거지가 됐거든. 돈이 없으니까 음식을 사 먹을 수도 없고 잠잘 집도 구할 수 없더라고. 다행히 잃어버린 반지를 세바스찬이 찾아 줘서 그걸 팔아서 먹을 것과 집을 구했지.
♥ 그런데 사실 돈 자체가 없다면, 아무리 값비싼 반지가 있어도 필요한 물건을 제대로 사지 못했을 거야.

 왜요?
반지를 팔면 되잖아요.

 반지를 누구한데 어떻게 팔아? 마트에 가서 반지를 내고 먹을 것을 살 수 있어?

돈이란?

> 왕사장님의 반지를 받고 먹을 것을 주진 않을 거 같아요.

떽! 그건 너도 마찬가지다. 네가 스마트폰을 주고 스티커 사진을 찍을 수 없잖아. 아무튼 그때 난 돈의 역할을 깨달았지.

♣ 첫째, 돈은 교환(지불) 수단이야. 빵을 먹고 싶으면 빵가게 주인에게 뭔가를 주고 빵을 받아야 해. 나는 반지를 주고 빵을 샀어. 빵 주인은 그 반지로 밀가루를 사려고 했지. 하지만 밀가루 주인이, 반지는 필요 없고 우유를 달래. 결국 빵 주인은 밀가루를 사지 못했고, 밀가루 주인은 밀가루를 팔지 못하고 우유도 살 수 없었어. 만약 내가 돈을 내고 빵을 샀다면 어땠을까? 빵 주인은 그 돈을 내고 밀가루를 샀을 거야. 돈과 빵, 돈과 밀가루, 돈과 우유를 교환하는 거지.

♦ 대중교통을 이용하고, 영어 학원에서 강의를 들을 때, 놀이공원에 갈 때도 그 서비스에 대한 대가를 돈으로 지불해. 교통법규 등을 어겨서 벌금을 낼 때도 돈으로 지불하고, 세금도 돈으로 지불하지.

♠ 둘째, 돈은 가치의 기준이야. 잘 익은 사과 한 개를 주고 노트북을 살 수 없어. 그건 사과와 노트북의 가치가 다르기 때문이지. 그럼

돈이란?

사과와 노트북의 가치를 어떻게 비교할 수 있을까? 그 역할은 돈이 해. 사과는 1,000원, 노트북은 1,000,000원이라면, 노트북의 가치는 사과의 가치보다 1,000배 큰 거야. 그러니 큰맘 먹고 사과 두 개를 줄 테니, 노트북을 달라고 우기면 안 되겠지.

♥ 셋째, 돈은 가치를 저장하는 수단이야. 사과 과수원에서 사과 1,000개를 수확했어. 창고에 사과를 쌓아 두자, 시간이 지날수록 사과가 썩었어. 사과의 가치가 사라진 거야. 하지만 사과를 팔아 돈으로 바꿨다면 어땠을까? 돈은 시간이 지나도 썩지 않으니까, 결국 사과의 가치를 돈으로 저장한 거지.

화폐의 변화

 4학년 때, 화폐 박물관에 갔었는데요. 옛날엔 조개껍데기가 돈이었대요. 저도 갯벌에 가서 조개껍데기 줍고 싶어요. 그럼 오빠한테 돈 많이 쓴다고 잔소리 안 들어도 될 텐데…….

 아니, 네 오빠는 어떤 상황에서도 잔소리를 할 사람이다.

♠ 조개껍데기 얘기가 나왔으니, 화폐의 변화 과정을 알려 주마. 아주 옛날엔 돈이 없었어. 내가 가진 물건을 내가 필요한 물건과 바꿨지. 이게 '물물교환'이야. 내 반지와 빵가게 주인의 빵을 바꾸는 거지. 하지만 물물교환은 불편해. 앞에서 알려 준 화폐의 역할을 떠올려 봐.

♥ 물물교환이 불편해서 조개껍데기를 화폐로 사용했어. 조개껍데기를 주고받으며 물건을 사고팔았지. 이때는 조개껍데기가 물건의 가치 기준이야. 반지는 조개껍데기 100개, 빵은 조개껍데기 5개의 가치가 있다고 정할 수 있지. 조개껍데기 같은 화폐를 '물품화폐'라고 하는데 곡식, 소금, 옷감 등도 화폐로 사용했어.

♣ 그런데 물품화폐도 불편한 점이 많아. 조개껍데기는 깨지고, 곡식과 소금, 옷감 등은 시간이 지나면 상하거나 녹아 버려. 그래서 작고 손상되지 않는 금속을 화폐로 사용했단다. 이게 '금속화폐'야.

화폐의 변화

금, 은, 청동, 철 등을 사용했는데, 이 금속화폐도 불편했어.

♦ 옆집 복만이는 철 1g으로 사과 2개를 샀어. 나도 사과 2개를 사고 싶은데, 난 13g짜리 철밖에 없는 거야. 난 사과 장수에게 13g짜리 철을 주고 사과 2개를 받았어. 그리고 거스름돈으로 철 12g을 돌려 달라 했지. 사과 장수는 13g짜리 철에서 철을 쬐끔 잘라 내고 저울에 무게를 달았어. 철은 12.3g이야. 다시 철을 쬐끔 더 잘랐어. 이번엔 11.8g이야. 휴, 거스름돈 받기가 너무 어렵지. 이처럼 금속화폐의 크기가 제각각이라 사용하기 불편해.

♠ 그래서 금속을 녹여서 일정한 무게와 모양의 '주조화폐'를 만들었어. 지금 우리가 사용하는 동전이 바로 주조화폐야. 각각 무게와 무늬가 다른 금속을 만들어서 10원, 50원, 100원, 500원의 가치가 있다고 정한 거야.

화폐의 변화

 근데 1,000원짜리랑 10,000원짜리는 종이돈이잖아요.

 그렇지. 주조화폐도 무겁고 부피가 크잖아. 100원짜리 동전 100개를 주머니에 넣으면 주머니가 축 처질 만큼 묵직하지. 그래서 종이돈을 만든 거야. 100원짜리 동전 100개와 1만 원짜리 지폐 1장은 동일한 가치지만, 지폐가 훨씬 가볍고 보관하고 운반하기도 쉬우니까.

♥ 그런데 사람들은 지폐보다 더 사용하기 편한 화폐를 계속 만들고 있어. 대표적인 화폐가 '전자화폐'야. 화폐 대신 교통카드로 대중교통을 이용하고, 체크카드·신용카드로 물건을 살 수 있지. 그리고 스카트폰에 전자화폐 기능을 설치해서 화폐처럼 사용할 수도 있어. 앞으로도 더 편리하고 더 안전한 새로운 화폐가 계속 개발될 거다.

2. 가정 경제는 내가 전문가

"왜 안 오는 거야?"

수염왕이 대문 밖으로 고개를 내밀고 길을 살폈어.

일성공이 영어 학원과 축구 교실에 갔는데, 올 시간이 지나도 오지 않았어.

"왕사장님, 세바스찬이랑 산책 갔다 와도 돼요? 심심해요."

일마리가 세바스찬을 데리고 다가왔어.

오늘은 영어 마을 체험 수업이 있는 날이라 일마리는 집에 있어. 참가비를 내지 못했으니까.

"너무 멀리 가지 말고, 너무 빨리 가지도 마. 우리 세바스찬 힘들다. 세바스찬 풀 냄새 많이 맡고 오렴."

수염왕이 세바스찬의 귀 뒤를 살짝 긁어 주었어.

"근데 네 오빠는 왜 안 오는 게냐? 뭔 사고라도 친 건 아니겠지?"

수염왕이 다시 밖을 내다봤어.

"오빠가 사고 치는 게 제 소원인데요, 아직 한 번도 안 이루어졌어요. 산책 가자, 세바스찬."

일마리와 세바스찬이 밖으로 나갔어.

"왕사장님, 저, 왔어요. 허어억."

수염왕이 대문을 닫는데 일성공이 다급하게 외치는 소리가 들렸어.

일성공이 얼굴이 빨갛게 되어 대문 안으로 들어왔어. 숨을 헐떡이고 이마에 땀이 맺혔어.

"더운데 왜 뛰어다녀? 그러다 열사병 걸려 죽는다."

"저기까진 걸어왔는데, 일마리가 왕사장님이 기다린다고 해서……. 허억허억 저, 걱정하셨어요?"

일성공이 땀을 닦으며 미소 지었어.

"누굴 걱정해? 나는 그런 사람 아니다."

수염왕은 콧방귀를 뀌고 집으로 들어갔어.

"집에서 우편물을 가져 왔어요. 우편함에 우편물이 쌓이면 사람 없는 집인 게 티 나잖아요."

일성공이 가방에서 우편물을 꺼내 식탁 위에 두었어. 그리고 찬물을 벌컥벌컥 들이켰어.

"킁킁. 너 땀 냄새 나. 당장 씻어라."

일성공이 씻으러 가자, 수염왕은 손가락으로 우편물들을 하나씩 옆으로 밀며 확인했어. 전기·도시가스·수도 요금 고지서와 스마트폰·인터넷·신용카드 청구서 등이었어.

"이게 뭐야? 지들이 나 같은 재벌이야?"

수염왕이 '우수 고객님께'라 적힌 우편물을 보고 투덜거렸어. '우수 고객님'은 수염왕에게나 어울리는 표현 아닌가?

"그건 재활용품을 많이 기부해서 우수 고객이 된 거예요."

일성공이 수건으로 젖은 머리를 슥슥 문질러 닦으며 다가왔어.

'귀신이군. 내 속마음을 어떻게 알았지?'

수염왕은 읽던 우편물을 식탁에 툭 던졌어. 짐짓 관심 없는 척했지. 하지만 일성공이 식탁 의자에 앉아 우편물을 하나씩 뜯어보자, 슬그머니 그 옆에 앉아 우편물을 훔쳐봤어.

"무슨 고지서가 이렇게 많아. 너희 가족들이 돈을 너무 많이 쓰는 거 아냐?"

수염왕이 고지서에 적힌 수도 요금 금액을 눈으로 세며 일성공

에게 물었어.

"각종 공과금이랑 보험료, 신용카드 청구서…… 지출할 게 얼마나 많은데요. 왕사장님은 그것도 몰라요?"

"난 그런 거 안 내."

수염왕이 딱 잘라 말했어.

"진짜요? 진짜 안 내요? 왜요?"

일성공이 수도 요금을 확인하다 놀라 입이 벌어졌어.

"아마 내가 왕이었으니까 그런 거겠지?"

수염왕이 엄지, 검지로 팔자수염을 매만지며 고개를 끄덕였어.

'감히 나한테 세금을 내라고 할 순 없겠지. 아냐, 그래도 수도, 전기 요금 같은 건 내야 할 거 같은데 말이야. 살짝 찝찝해지는걸.'

어느새 수염왕은 팔자수염 끝을 질겅질겅 씹고 있었어.

그런 수염왕을 일성공이 빤히 쳐다봤어.

"뭘 봐!"

"왕사장님이요."

일성공이 싱긋 웃었어.

"그래, 우리 할머니가 말씀하셨다, 웃으면 복이 온다고. 그러니 웃을 수 있을 때, 많이 웃어. 철없을 때 많이 웃어야지."

수염왕은 괜히 심술을 부렸어. 일성공이 씩씩하고 밝은 게 왠지 거슬렸지.

"왕사장님, 생활비를 얼마나 쓰세요? 혹시 가계부 쓰세요?"

일성공이 물었어.

"어허! 나는 왕자로 태어나서 왕이 되었고 지금은 왕식품 주식회사 대표야. 좀스럽게 생활비 같은 거 신경 안 쓴다."

"그러니까 생활비가 얼마인지 모르시는 거죠?"

"집요하군. 그래, 몰라."

"제가 알려 드릴게요. 제가 저희 가족 가계 담당이에요."

"생활비 따위를 배우라고? 싫어! 안 배워. 특히나 너 같은 꼬맹이에게는 엔, 이, 뷔, 이, 알 안 배워!"

수염왕이 고개를 살짝 쳐들었어. 코가 벌렁거렸어.

"'Never 안 배워'는 부정이 2개라 강한 긍정의 뜻이네요. 아무튼 가계는 기업, 정부와 함께 '경제의 3대 주체'예요. 왕식품이 만든 제품은 저희 가족 같은 사람이 사요. 그러니까 그런 사람이 어떻게 돈을 쓰는지 아셔야죠."

'이거 참 곤란하군. 내가 잔소리 잔뜩 섞어서, 돈을 가르치려고 했는데.'

수염왕은 잠깐 고민했어.

"아빠가 영업왕인 건, 소비자가 어떻게 돈을 지출하는지 잘 알기 때문이래요."

"진짜야? 그럼 일잘해 부장의 영업 기술을 알 수 있어?"

"그럼요. 일단 가계에 대해 알려 드릴게요."

일성공이 씨익 웃으며 고개를 끄덕였어.

가계는 경제의 주체

가계인지 가게인지, 암튼 빨리 말해 줘. 그리고 내가 너한테 뭘 배운다는 말은 절대 비밀이야, 약속!

가계는 '가정 경제'를 뜻하는 말인데요, 가계는 기업, 정부와 함께 경제 주체예요. 가계는 기업, 정부 등에서 일하는 생산 활동을 하고 그 대가로 소득을 얻어요. 그 소득으로 기업이 생산한 재화와 서비스를 소비해요. 쉽게 말하면 회사에서 일한 대가로 월급을 받고, 그 월급으로 필요한 물건을 사고 서비스를 이용하는 거예요. 참, 저축도 하고요.

잠깐! 기업에 관해선 내가 말할래. 기업은 사람에게 필요한 재화와 서비스를 생산하고 팔아. 그렇게 번 돈으로 직원에게 월급을 주고, 정부에 세금 등을 지출하지. 그리고 정부는 가계와 기업이 낸 세금으로 국가를 경영해.

네. ㈜왕식품(기업)이 아빠(가계)에게 주는 월급이 가계의 소득이죠.

가계는 경제의 주체

알았어.
이제 네 아빠의 영업기술을 알려 줘.

가계와 기업, 정부는 서로 밀접한 관계를 맺고 있어요. 가계가 어떤 소비를 하는지에 따라 기업이 망할 수도 있거든요. 제가 2학년 때는 생크림 케이크를 자주 사 먹었고, 3학년 때는 간장치킨을 자주 먹었어요. 4학년 때부터 지금까지는 마라탕을 먹고요. 동네 빵집과 치킨 가게는 손님이 줄어서 문을 닫았고, 마라탕 전문점은 몇 개 생겼어요. 또 작년에는 슬그머니나라의 살금피자가 유행이었는데, 우리나라와 사이가 나빠지니까 소비자들이 살금피자 불매운동을 벌였어요. 결국 살금피자 회사도 없어졌죠.

나도 슬그머니나라 왕이 얄미워서
살금피자는 한 번도 안 먹었어.

그리고 아빠가 어렸을 때는 마당에 땅을 파서 장독을 묻고 그 속에 김장을 보관했대요. 그런데 사람들이 마당 없는 아파트, 빌라 같은 집에 많이 사니까, 기업이 땅속 장독 대신 김치를 오래 보관할 수 있는

가계는 경제의 주체

김치냉장고를 만들었죠. 이처럼 가계의 소비 활동이 모여 기업에 큰 영향을 줘요.

♠ 우리 아빠의 영업기술은 아주 평범해요. 가계(소비자)가 어떤 제품과 서비스를 원하는지 알아내서 그 제품과 서비스를 더 저렴하게 파는 거예요. 그리고 좋은 기업이 되는 것도 중요하댔어요. 아무리 싸고 좋은 제품이라도 기업이 노동자를 괴롭히는 악덕 기업이거나 사회에 피해를 준다면, 소비자는 그 기업의 제품을 외면한다고요.

소비자가 무엇을 원하는지 잘 관찰해야겠어!

가계 지출1: 소비 지출과 저축

근데 너 같은 짠돌이만 있으면 어떤 제품을 만들어도 팔리지 않으니까 기업이 망할걸. 기업이 망하면 노동자들은 백수가 되는 거야.

저, 짠돌이 아니거든요. 가계의 지출(가족이 경제 활동으로 쓰는 돈의 합계)은 소비 지출과 저축으로 나뉘는데, 저도 저축에는 팍팍 지출한다니까요. 아빠랑 마리는 제품을 사는 소비 지출을 많이 하지만요.

어디에 지출하는데?

휴, 지출할 게 한두 가지가 아니에요. 일단 생활비부터 시작할게요. 먹어야 하니까 식비를 지출하고요. 저랑 동생의 교육비, 아빠도 외국어 학원 다니니까 교육비 들고요. 자가용, 대중교통 이용하는 데도 돈을 지출해야 해요. 교통비죠. 그리고 인터넷이랑 스마트폰을 사용하니까 통신비가 지출되고요. 놀이공원에 가거나, 영화를 관람하거나 캠핑처럼 여가활동을 하는 데에도 돈이 들죠. 아프면 약 사 먹고 병원 가니까 의료비도 내야 하고요. 또 보험회사에 보험료도 내야 해요.

가계 지출1: 소비 지출과 저축

지출할 항목이 그렇게나 많아?
아이고, 듣는 내가 숨이 차네.

위에 말한 지출은 기본 생활에 필요한 상품과 서비스를 구입한 비용일 뿐이에요. 세금과 보험료, 국민연금도 내고요, 아빠가 집을 살 때 은행에서 대출을 받았기 때문에 은행에 이자도 내요.

가계에서 지출할 게 그렇게나 많아? 그래서 네가 특급 짠돌이가 된 거로군

3
이런 도둑놈들 같으니라고!

"크크크큭, 네 설명을 들어 보니, 역시 난 특별한 사람이었어. 너희 가족 같은 평범한 국민은 각종 세금이며 이런저런 요금을 내는데 난 안 내잖아. 난 고지서나 청구서 같은 걸 받아 본 적 없어."

"그건 아닌 거 같아요. 국민은 모두 세금을 내고, 자기가 사용한 서비스에 대한 요금도 내요."

"그, 러, 니, 까 내가 특별한 대접을 받고 있다는 거야. 역시 흰수염 대통령이 나를 특별 대우하는 게 분명해. 그래, 신제품 '치즈 꼬불꼬불면'을 6개, 아니 9개쯤 보내 줄까 봐."

"대통령이라도 국민이 세금을 내는 의무를 마음대로 없앨 순 없다니까요. 그게 법이에요."

"네가 나라를 다스려 보지 않아서 모르나 본데, 법에도 예외는 있어."

"아휴, 답답해! 속이 뻥 뚫리는 음료수를 마셔야겠어요. 왕사장님도 드릴까요?"

일성공은 수염왕과 말이 통하지 않아 답답했어.

일성공이 수염왕에게 레몬에이드를 건넸어.

수염왕이 레몬에이드를 한 모금 삼켰어.

"크으! 아주 새콤하고 달콤하고 톡 쏘면서 시원하구나!"

"조금 덜 익은 레몬이라 더 새콤할 거예요. 설탕은 몸에 안 좋으니까 대신 꿀을 넣고, 탄산수랑 얼음을 넣었어요."

'호, 요 녀석 제법인걸. 덜 익은 레몬으로 만들었단 말이지. 우리 회사에서도 한번 팔아 볼까.'

수염왕은 일성공을 새삼스레 살펴봤어. 영리한 녀석이란 생각이 들었어.

"혹시 공과금을 모두 자동이체 신청하신 건 아니에요? 통장을 확인해 보세요."

일성공이 다시 통장 얘기를 했어.

"아우, 귀찮아. 녀석 끈질기구나. 알았어, 통장을 확인해 줄 테니 딱 기다려라."

수염왕은 그림 뒤에 숨겨 놓은 비밀 금고에서 은행 통장들을 꺼내 왔어.

"내가 확인해 보고 진실하게 말해 주마."

수염왕은 일성공이 못 보게, 월급 통장을 눈에 바짝 대고 읽었어.

"7월 급여 40,600,000원이 입금되었군. 내 월급이 40,600,000원인가? 암튼 그리고……."

수염왕은 통장에 찍힌 내역을 읽어 내려갔어.

"월급이 4천만 원이 넘어요? 와, 우리 아빠 1년 치 월급이랑 비슷하네요."

일성공이 레몬에이드 컵에서 얼음을 꺼내 입에 넣었어.

"헉! 이, 이, 이게 뭐야! '찾으신 금액' 692,739원, 7월 가스 요금이라고? 7월 상하수도 요금, 7월 전기 요금도 찾아갔네. 엄마야! 6월 가스 요금, 6월 상하수도 요금, 6월 전기 요금……. 난 아닌데, 감히 누가 찾아갔노?"

수염왕의 팔자수염이 파르르 떨리고, 통장을 든 손도 부르르 떨렸어.

"공공기관에서 요금을 찾아간 거죠. 가스·상하수도·전기 요금 같은 공과금은 다 낸다니까요."

일성공이 수염왕에게 설명했어.

하지만 돈을 아주 사랑하는 수염왕의 귀엔 들리지 않았어.

"나 몰래 내 돈이 사라지다니, 가만 안 두겠드아!"

수염왕이 이를 뿌드득 갈며 은행으로 달려 나갔어.

"오빠, 왕사장님이 얼굴이 새빨개지고 콧바람을 풍풍 뿜으며 달려갔어. 너무 더워서 우리도 산책 안 하고, 그늘에서 쉬다가 왔는데."

일마리가 산책에서 돌아와 물수건으로 세바스찬의 발을 닦아 주었어.

"통장에서 공과금이 자동이체되어서 화나셨어."

일성공이 일마리에게 레몬에이드를 주고, 세바스찬에겐 황태 삶은 물을 식혀서 줬어.

"자동이체……?"

일마리가 레몬에이드를 마시며 물었어.

"쉽게 말해 줄게. 나는 한 달 동안 사용한 휴대전화 요금을 통신사에 가서 내지 않아. 왜냐면 내 통장에 있는 돈에서 한 달 요금만

큼 은행이 대신 찾아서 통신사로 보내 주니까. 그게 자동이체야. 전화 요금뿐 아니라 각종 공과금도 자동이체로 내. 안전하고 편하니까."

일성공은 집에서 가져온 공과금 영수증을 하나씩 확인하며 가계부 앱에 금액을 입력했어.

한 시간쯤 지나, 수염왕이 돌아왔어. 얼굴에 땀이 송글송글 맺히고 팔자수염은 물에 젖은 듯 축 처졌어.

"왕사장님이 자동이체를 신청하신 거죠?"

일성공이 수학 학원 숙제를 풀다가 수염왕에게 다가갔어.

"기억은 절대 안 나는데, 그랬나 봐. 근데 왕일 때는 다 공짜였어. 궁전에서 쫓겨난 것도 억울한데, 이런저런 요금까지 내라니까 너무 서운해."

수염왕이 콧물을 훌쩍이며 소파에 앉았어.

"다 그렇게 살아요."

일성공이 수염왕의 어깨를 토닥였어.

"위로해도 소용없어. 난 수염왕이야! 너랑 똑같은 국민이 아니라 꼬불꼬불나라의 마지막 왕, 수염왕이라고!"

수염왕이 고개를 고집스럽게 저었어.

"그 책 내용이 사실이었어."

일성공이 중얼거렸어. 얼마 전에 읽은 정치 책에서 수염왕이 세금을 자기 마음대로 쓰다가 국민에게 쫓겨났다고 봤거든.

"근데 말이야, 아까 너무 흥분해서 깜박했는데 말이야. 내 월급은 40,600,000원보다 많거든. 왜 내 월급이랑 통장에는 찍힌 월급이랑 다를까?"

수염왕이 주머니에서 통장을 꺼내 한 장 한 장 확인했어.

"설마 은행이 내 돈을 맡아 주는 대가로 사용료를 가져가는 건가?"

수염왕은 풀이 죽었어.

"OMG."

일성공이 이마를 치고 고개를 저었어.

"OMG가 '오늘 매우 기분이 좋다'는 뜻이지? 아닌가? '오이 잎에 무당벌레가 기어간다'란 뜻인가? 난 유행어는 잘 몰라. 뭐, 상관없지. 그런 거 몰라도, 난 부자니까."

수염왕이 눈을 껌벅였어.

"OMG는 'Oh my God!'의 줄임말이에요. '하느님 맙소사!'란

뜻이고요."

일마리가 식탁 위에 문제집을 펼치며 말했어.

"하느님을 왜 찾아! 그리고 너, 너희는 책상 없어? 왜 밥 먹는 식탁에서 공부를 해!"

수염왕이 버럭 소리를 질렀어. 일성공, 일마리 남매가 어른인 자신을 가르치려 드는 게 아주 못마땅했어. 생각해 보니 일잘해 부장도 그래서 싫은 거 같아.

"우리 집에는 책상 있어요. 여기는 없고요."

일마리는 수염왕의 고함 따윈 아랑곳 않고 문제를 풀었어.

"내 호통에 꿈쩍 않는 것도 자기 아빠랑 똑같구먼."

수염왕이 투덜거렸어.

"왕사장님. 회사에서 받을 월급과 월급 통장에 입금된 월급이 다른 이유를 알려 드릴까요? 지금 배워도 부끄러운 거 아녜요. 배움엔 끝이 없으니까요."

일성공이 말했어.

'쪼꼬미한테 배우는 건 부끄럽단 말이야.'

수염왕이 하고 싶은 말은 많았지만 꾹 참았어.

가계 지출2: 5대 사회보험

왜 내 월급이랑 내 통장에 들어온 월급 금액이 달라?

회사에서 준 월급과 받은 월급이 차이가 나는 이유는, 왕사장님이 내야 하는 소득세와 사회보험료를 회사가 대신 냈기 때문이에요. 그래서 그 금액만큼 왕사장님의 월급에서 빼는 거죠. 이걸 '원천징수'라 해요.

자동이체 신청하면 은행이 전기 요금 같은 걸 대신 내준다더니, 이번엔 회사까지 나 대신 세금이랑 사회보험료를 내준다고? 참나, 나한테 물어보지도 않고 말이지. 근데 난 보험에 가입한 적 없는데 왜 보험료를 내지? 그것도 국민연금, 국민건강보험, 장기요양보험, 고용안정보험, 산업재해보험까지 다섯 가지나 된다고.

그 다섯 가지 보험은 국가가 만든 보험이고, 사회보험이라고 해요. 강제로 들어야 하죠.

가계 지출2: 5대 사회보험

왜 국가가 보험까지
강제로 들게 하는 거야?

보험은 사망하거나 질병에 걸리거나 장애가 생기거나 직업이 없거나 또 나이가 들어서 더는 돈을 벌기 힘들 때를 대비하는 거잖아요. 꼬불꼬불나라 같은 복지국가는 국민을 보호하는 사회보장제도가 있어요. 그래서 사회보험을 만들어서 국민이 경제적인 어려움에 처할 때를 대비하게 하는 거죠.

♠ 사회보험은 보험료를 개인과 기업이 나누어 내기 때문에 보험료가 저렴해요. 그리고 보험료를 받을 때는 국가가 덧붙여 주기 때문에 낸 금액보다 더 많이 받고요. 아래에 5대 사회보험을 표로 정리해 봤어요.

보험 이름	보험의 역할	보험료 부담
국민연금	돈을 벌 때 보험료를 내면, 나이 들어 일정 금액의 연금을 받아서 기본 생활을 할 수 있어요.	근로자와 회사가 50%씩 부담
국민건강보험 (건보)	매달 보험료를 내면 질병에 걸리거나 부상을 당해 병원비가 필요할 때 병원비 일부를 지원받아요.	근로자와 회사가 50%씩 부담

가계 지출2: 5대 사회보험

장기요양보험	고령이거나 치매 등의 질병에 걸려 혼자 일상생활을 할 수 없는 노인을 도와요. 장기요양 요원이 집에 찾아와서 돌보거나 장기요양기관에서 돌봐요.	근로자와 회사가 50%씩 부담
고용보험	회사 사정으로 퇴직해야 하는 근로자는 120일~270일(2024년 기준) 동안 실업급여를 받아요. 취업에 도움이 되는 교육도 받을 수 있어요. 조건은 다시 취직하려고 노력하는 사람만 받을 수 있어요.	근로자와 회사가 50%씩 부담
산업재해보험 (산재보험)	근로자가 업무와 관련해서 사고, 질병에 걸리거나 장애가 생겨서 일을 쉬어야 할 때 병원비와 생활안정을 자금, 쉬는 동안의 급여 일부 등을 받아요.	회사가 100% 부담

가계 지출3: 세금

 솔직히 사회보험은 잘 몰랐지만, 세금은 내가 좀 알지. 대표적인 세금 몇 종류를 알려 주마.

♠ 1. 소득세: 일해서 번 소득에 따라 내는 세금이야. 네 아빠가 월급을 받으면 소득세를 내.

♥ 2. 법인세: 기업이 이익이 생긴 금액에 따라 내는 세금이야. 왕식품 회사가 이익을 내면 법인세를 내.

♣ 3. 관세: 외국에서 들여온 상품에 붙이는 세금이야. 내 핸드폰은 슬그머니나라 상품이야. 슬그머니나라에선 10만 원이지만 우리 나라에서 수입하면 관세가 붙어서 13만 원이지. 반대로 꼬불꼬불면은 우리나라에선 1,000원이지만 슬그머니나라로 수출하면 1,400원이야. 슬그머니나라에서 400원을 관세로 붙이기 때문이지.

♦ 4. 자동차세: 자동차를 가진 사람은 자동차세를 내.

가계 지출3: 세금

그런데 전 어려서 세금을 안 내는데,
세금을 알 필요가 있을까요?

네가 아무리 어리고 짠돌이라도 세금은 내고 있어. 단지 세금을 간접적으로 내기 때문에 세금을 내는지 모르는 거야.

♠ 일단 너는 '부가가치세'를 내. 상품과 용역(서비스)을 사는 소비자가격의 10%가 부가가치 세금이야. 영수증을 잘 봐. 부가가치세(VAT)라고 적힌 금액이 부가가치세니까. 예를 들면, 소비자가격이 1,100원짜리인 공책은, 공책 가격 1,000원에 부가가치세 100원이 더해진 가격이야. 미용실에서 머리카락을 자른 비용이 22,000원이라면, 미용 서비스 요금 20,000원에 부가가치세 2,000원이 합쳐진 거야.

4
너희, 빈털터리네?

띠링띠링. 알림 음을 듣고 일성공이 문자 메시지를 확인했어.

> 고객님의 스마트폰 요금이 두 달 동안 미납되었습니다.
> 20일까지 미납 요금을 모두 납부하시기 바랍니다.

"이럴 리가 없는데……."

일성공이 얼굴을 찡그렸어.

"미납이면 요금을 내지 않았다는 말이잖아. 풋, 미납도 아니고 미납이 뭐냐? 네가 가계 지출 담당이라며?"

수염왕이 일성공을 놀렸어.

"이건 진짜 이상해요."

일성공이 자기 방으로 달려가 통장을 들고 나왔어. 그리고 통장

마지막 페이지를 확인하고 수염왕에게 보였어.

"여기에 잔액 34만 원이 있잖아요. 근데 왜 스마트폰 요금이 미납되었을까요? 통신사에서 뭔가 착각했나 봐요. 고객 센터에 물어봐야겠어요."

일성공이 스마트폰 114를 눌러, 통신사 고객 센터에 전화했어.

"뭐래?"

수염왕이 슬쩍 물었어.

"미납 맞대요. 내일까지 요금을 내지 않으면, 전화를 받을 수는 있지만 걸 수는 없게 된대요."

일성공이 침통한 표정을 지었어.

그때 다시 띠링띠링, 일성공 스마트폰에 연달아 문자 메시지가 도착했어.

수염왕이 일성공 옆으로 얼굴을 쏙 내밀어 문자 메시지를 같이 봤어.

"호! 이번엔 암보험이랑 정기적금이 미납됐다는 문자네? 근데 적금이 뭐더라? 예금이랑 비슷한 건가?"

수염왕이 팔자수염을 비비 꼬며 기억을 떠올렸어. 어렸을 때, 왕자의 학교에서 배운 거 같은데 통 기억이 나지 않았어.

"은행에 가서 잔액이 얼마나 있는지 다시 확인해야겠어요."

일성공이 통장을 가방에 넣고 소파에서 일어났어.

"오빠, 이거 봐라!"

일마리가 작은 노란색 쇼핑백을 높이 흔들며 들어왔어.

"너 왜 늦었어? 태권도 도장 끝날 시간 지났잖아."

일성공이 짜증 냈어.

"태권도 도장 안 갔지. 태권도 도장 언니들이랑 No.1(넘버원) 오빠들 팬미팅에 갔어."

일마리는 소파 위에 털썩 앉아, 쇼핑백에서 브로마이드, CD, 포토카드 상자, 피규어, 인형으로 장식한 실내화 등을 꺼냈어. 일마리는 하나씩 꺼낼 때마다 손을 부르르 떨며 흥분했지만, 일성공의 표정은 점점 굳어졌어.

"이게 누구냐?"

수염왕이 브로마이드를 펼쳐서 일마리에게 보였어.

"우리 No.1 오빠들이에요."

일마리는 브로마이드가 구겨지지 않도록 조심스럽게 받아서 다시 말았어.

"이거 다 누가 줬어?"

일성공이 일마리에게 물었어.

"샀어."

"너 용돈 다 썼잖아. 무슨 돈으로 이걸 다 샀냐고?"

"이거 냈더니 내가 갖고 싶은 거 다 주던데?"

일마리가 주머니에서 플라스틱 카드를 꺼내 일성공에게 보여 줬어.

"너……! 내 체크카드를 왜 네가 써? 지난달에 빌린 5,000원도 안 갚았잖아."

일성공이 고함치며 피규어를 집어던졌어.

"아악! 왜 그래? 우리 오빠들이야!"

일마리가 비명을 지르며 피규어를 집어서 가슴에 소중하게 안았어.

"아빠는 우리 가족을 위해 열심히 일하고, 난 생활비 아껴서 우리 가족이 부자가 되도록 애쓰는데 넌 도대체……. 넌 구제불능이고 민폐덩어리야. 내가 너 때문에 못살아!"

일성공은 눈물이 그렁그렁해서 방으로 달려갔어.

쾅, 문이 닫혔어.

"오빠 못됐어. 아빠 오면 다 이를 거야!"

일마리도 눈물을 펑펑 쏟으며 소리 질렀어.

"나야말로 너희 아빠한테 다 일러야겠다. 시끄러워서 살 수가 있나! 세바스찬, 당장 산책 가자."

수염왕이 고개를 절레절레 저으며 세바스찬을 찾았어.

저녁 먹을 시간이라, 수염왕과 두 남매가 식탁에 앉았어. 일성공은 여전히 부루퉁했고 일마리는 입을 삐죽였지.

수염왕이 식탁 맞은편에 나란히 앉은 일성공, 일마리 남매에게 물었어.

"그러니까, 너희 아빠가 일성공 통장으로 매달 생활비를 보내 주는데 그걸 일마리가 홀라당 다 썼다는 거지?"

"네."

일성공이 일마리 반대쪽으로 고개를 휙 돌렸어.

"No.1 오빠들 캐릭터 상품을 갖고 싶으면 신용카드를 달라고 해서 이걸 준 것뿐이에요. 그리고 신용카드도 다시 잘 받아 왔어요."

일마리가 일성공을 노려봤어.

"네 오빠는 No.1이 아니라 나야, 나! 젠장, 내가 하필 네 오빠라고, 어휴!"

일성공이 가슴을 쳤어.

"No.1 오빠들은 나한테 화 안 내."

"너 같은 동생이 없으니까. 너 같은 사고뭉치 동생이 있으면 세계인 모두가 화병 날걸!"

"치, 동생한테 그런 나쁜 말을……."

일마리 입술이 삐죽거렸어.

"호! 그럼 너희 아빠 월급날까진 빈털터리네."

수염왕이 얼른 분위기를 바꿨어. 이러다 일마리가 울 것 같았거든. 수염왕은 우는 아인 아주 부담스러웠어.

"쟤 때문에요."

일성공이 일마리를 노려봤어.

"동생을 노려본다고 하늘에서 돈이 떨어지냐, 땅에서 돈이 솟구치냐?"

"오빠는 맨날 내 탓만 해요."

수염왕 말을 듣고 일마리가 의기양양해졌어.

"빈털터리가 된 건 네 탓이야! 흠, 할 수 없군. 내가 너희에게 생활비 벌기를 제안할게."

수염왕이 씩 웃자, 왼쪽 팔자수염이 올라갔어.

"전 받아들이겠습니다."

일성공이 주먹을 꼭 쥔 채 단언했어.

"저도요."

일성공에게 질세라 일마리가 고개를 힘차게 끄덕였어.

"호, 그래? 어떤 제안인지 듣지 않고……? 나를 그렇게나 믿다니, 감동이다."

수염왕은 흐뭇했어.

"믿는 게 아니라, 다른 선택을 할 수 없잖아요."

일성공의 어깨가 축 처졌어.

"그렇긴 하지."

수염왕이 고개를 끄덕였어.

"이래서 돈이 중요한 거야. 그러니까 함부로 막 쓰면 안 된다고!"

일성공이 일마리에게 말했어.

"말 시키지 마. 오빠 말 듣기 싫어."

"조용! 왕사장님 말씀하실 땐 모두 조용! 알았지, 절대 조용이야!"

수염왕이 손바닥으로 식탁을 내리쳤어. 윽, 손바닥이 아팠지만 내색하지 않았어.

"일마리는 휴지, 수건을 맡아. 쓰레기를 종류별로 분류해서 오후 8시 이후에 쓰레기장에 내놓는 것도 네 일이다. 특히 화장실 휴지 관리에 힘을 쏟아야 한다. 똥 누고 휴지 없으면 큰일이니까. 일성공은 지금처럼 식사 담당이야. 그리고 각종 공과금과 통장 관리, 은행 일을 알려 줘. 나도 가정 경제에 관심 가질 나이야."

"네."

수염왕의 말에 일성공, 일마리 남매가 대답했어.

금융과 은행의 다양한 역할

 내가 곰곰이 생각해 봤는데, 은행은 참 하는 일이 다양한 거 같아. 각종 공과금을 대신 내준 것도 그렇고.

 은행 역할 중에 돈을 이동시키는 역할이 있으니까요. 이것을 '이체'와 '송금'이라고 해요.

♠ 스마트폰 요금을 예로 들어 볼게요. 전화기로 통화하면 매달 요금을 내야 해요. 그런데 요금을 통신 회사에 직접 내러 가는 건 힘들잖아요. 그래서 은행에 '통신 요금 자동이체'를 신청하면, 은행이 내 계좌에서 자동으로 통신 회사에 스마트폰 요금을 보내 줘요. 그리고 회사 대부분이 직원에게 월급을 직접 주지 않고, 직원의 은행 계좌에 송금해 주죠. 우리 아빠도 생활비를 현금으로 주지 않고, 아빠 통장에 있는 돈을 제 통장으로 송금해 줘요.

은행 덕분에 편리하죠?

자동이체가 되니 돈을 쓴 기분이 들지 않아. 편리해서 좋긴 하지만.

금융과 은행의 다양한 역할

 하지만 뭐니 뭐니 해도 은행의 기본 역할은 '예금'이지. 돈을 쌓아 놓고 있으면 불안하니까 은행에 돈을 맡겨서 안전하게 보관하는 거잖아.

 맞아요, 예금이 기본이죠. 그리고 은행은 여러 나라의 화폐를 바꾸는 역할도 해요. 일마리 소원이 붉은꽃나라에 가는 건데, 은행에서 우리나라 화폐를 붉은꽃나라 화폐로 바꿀 거예요.

♥ 은행에서 돈을 빌릴 수도 있어요. 그걸 '대출'이라고 하는데, 은행은 대표적인 금융회사예요. 금융은 '돈의 융통'이라는 뜻이죠. 쉽게 말하면 돈을 빌려주고 빌리는 활동이에요.

♣ 여윳돈이 있는 사람은 은행에 돈을 예금하고, 돈이 필요한 사람은 은행에서 돈을 빌려요. 돈을 빌린 대가로 매달 은행에 이자를 내고, 은행은 그 이자의 일부를 은행에 예금한 사람에게 주고요. 은행이 빌려준 돈은 은행에 예금한 사람의 돈이니까요.

금융과 은행의 다양한 역할

은행뿐 아니라, 신용카드 회사도 금융기관이야. 예를 들어 설명해 주지. 과일 가게에서 돈을 내지 않고 신용카드로 수박을 사. 그건 신용카드 회사에 돈을 빌리는 것과 같아. 신용카드 회사가 과일 가게에 수박값을 나 대신 내고, 나중에 내가 신용카드 회사에 수박값을 갚는 거니까.

신용카드를 사용하는 건 신용카드 회사에서 돈을 빌리는 것과 비슷하니까 신용카드를 함부로 쓰면 안 되죠.

지역마다 있는 새마을금고, 신협, 농협, 수협, 축협 등의 협동조합도 금융회사예요. 협동조합에 가입한 회원들이 돈을 저축하고 빌릴 수 있지요. 그 외에도 보험회사랑 증권회사도 금융기관이랍니다.

다양한 소득

궁금한 게 있어. 여기 통장 입금란에 32만 원이 입금된 거 보여? '이자'라고 쓰였는데 이자는 은행이나 남한테 돈을 빌린 대가로 내야 하는 돈이잖아. 난 돈을 빌려준 적이 없다고.

왕사장님, 이건 왕사장님이 이자소득이 있다는 거예요.

♣ 통장에 '이자'라고 적힌 건 두 가지를 뜻해요. 위에서 말한 것처럼, 돈을 빌린 사람이 은행에 이자를 내고, 은행은 돈을 저축한 사람에게 이자를 주고요. 왕사장님은 입금란에 320,000원이 입금된 거니까, 은행에서 이자를 준 거예요. 이런 이자도 소득이기 때문에 '이자소득'이라 불러요.

♠ 이자소득처럼 자기가 가진 재산을 이용해서 소득이 생기는 것을 '재산소득'이라 해요. 돈을 빌려주고 받는 이자랑 땅, 가게, 집 등을 빌려주고 임대료를 받는 거요.

♥ 저희 집은 2층 건물인데 2층은 저희 가족이 살고 1층은 분식점이에요. 아빠가 1층 분식점 주인에게 임대료를 받아요. 그 임대료도 재산소득이에요. 그리고 저는 ㈜왕식품 주식이 있어서

다양한 소득

1년에 1번 ㈜왕식품이 번 돈에서 일부를 배당으로 받아요. 배당으로 받은 배당금도 재산소득이죠.

다양한 소득

회사나 가게를 직접 운영해서 버는 소득은 사업소득이야. ㈜왕식품을 만들기 전에 꼬불꼬불면 포장마차를 운영했는데 그때 번 돈이 사업소득이지. 지금 ㈜왕식품은 큰 기업이라 법인소득세를 내고.

네, 만약에 제가 새로운 요리를 개발해서 ㈜왕식품에 그 요리법을 팔면, 저는 ㈜왕식품에서 로열티를 받을 거예요. 로열티도 소득이죠. 노래, 글 등을 만든 예술가는 저작권료와 인세 등을 받는데 그것도 소득이고요. 참 연금소득도 있네요. 우리 할머니는 10년 넘게 국민연금을 냈고(납부), 지금은 국민연금을 받아요.

5. 근로자를 보호해요

"세바스찬을 돌볼 테니 월급을 올려 달라고?"

수염왕이 소파 옆자리에 엎드린 세바스찬의 귀 뒤를 쓱쓱 긁으며 일성공에게 말했어.

"네, 제가 세바스찬에게 하루에 두 번 밥 주고, 세 번 산책시키고, 두 번 터그 놀이해 줄게요. 왕사장님께 큰 도움이 되겠죠?"

맞은편 소파에 앉은 일성공이 두 손을 무릎 사이에 넣었어.

"작은 도움도 안 돼! 첫째, 세바스찬에게 밥 주는 건 내 기쁨이야. 둘째, 세바스찬은 늙어서 하루에 세 번이나 산책할 수 없어. 같은 이유로, 터그 놀이를 했다가는 약해진 이빨이 몽땅 빠질지도 몰라."

"그, 그런가요?"

일성공이 어색하게 웃었어.

"네가 무슨 일을 할 수 있는지는 중요하지 않아. 나한테 필요한 게 뭔지가 중요하지. 자, 우린 산책 가자꾸나."

수염왕이 세바스찬을 부르며 소파에서 일어났어.

"왕사장님, 왕사장님께 필요한 일이 뭔지 생각했어요. 다시 얘기해요."

수염왕이 산책에서 돌아오자 일성공이 뛰어나왔어.

"끈질긴 녀석이군."

수염왕이 젖은 면수건으로 세바스찬의 발을 쓱쓱 닦으며 중얼거렸어.

"왕사장님이 아침에 세바스찬과 산책을 하니까, 저는 오후에 한 번만 시킬게요. 집 청소도 하고요. 그리고 정원을 둘러보니까 잔디가 많이 자랐더라고요. 제가 잔디 깎고, 나무와 꽃에 물 주고, 토요일엔 카레떡볶이, 일요일엔 간장떡볶이를 할게요. 참, 생활비도 아낄게요."

"떡볶이를……?"

수염왕은 군침이 돌았어. 일성공의 떡볶이는 꿈에 나올 정도로 맛있거든.

"네, 가끔은 케첩떡볶이도 할 수 있겠죠."

일성공이 고개를 끄덕였어.

"월급은 얼마나……?"

"20만 원이요."

"20만 원……?"

수염왕 목소리가 커졌어.

"저는 전기, 가스, 상하수도 요금을 줄일 수 있어요. 줄어들 생활비를 고려하면 절대 높은 월급은 아니에요."

"절대 높아. 10만 원……."

수염왕의 팔자수염을 만지작거렸어.

"17만 원……."

"15만 원……. 이것보다 많이 줄 순 없다."

"넵, 15만 원이요."

일성공이 씩 웃으며 고개를 끄덕였어.

'뭐야, 원래부터 15만 원을 받으려던 거였나? 내가 요 꼬맹이에게 속은 건가. 하여간 보통내기는 아니군. 협상의 달인이야.'

수염왕은 일성공을 위아래로 훑어봤어. 하지만 기분이 나쁘진 않았어.

그런데 2주가 지나자 기분이 많이 나빠졌어. 일성공에게 속은 기분까지 들었지.

일성공은 약속대로 자기가 맡은 일을 아주 잘했어. '만능 살림꾼'다웠지. 문제는 '만능 살림꾼'인 동시에 '잔소리 대마왕'이라는 거야.

"왕사장님, 과자 부스러기가 떨어지잖아요. 접시를 받치고 드세요. 왕사장님, 떡볶이에 든 대파와 당근도 드셔야 해요. 어른도 편식은 안 좋아요. 왕사장님, 양말을 뒤집어서 벗지 마세요. 양말은 침대 밑으로 던지지 말고 세탁 바구니에 넣으세요. 왕사장님, 비 온다고 세바스찬의 아침 산책을 건너뛰면 안 되죠. 왕사장님, 정원 바위 틈에 쓰레기를 숨기지 마세요."

수염왕은 일성공을 피하고 싶었지만, 일성공은 수염왕을 감시라도 하듯 시도 때도 없이, 사방에서 나타나서 잔소리를 퍼부었어.

'84년 만에 제일 무더운 날'이라며 일기예보에서 특별 예보를 한 날이었어.

마침 수염왕은 여름휴가 중이야. 하지만 회사 최고 책임자인데 회사 일을 안 할 수 있나. 집에서 각 부서의 업무를 보고받았어.

"날이 더워서 꼬불꼬불면이 안 팔린다고? 그게 지금 사장에게 할 소리야? 당장 영업부 직원 몽땅 다 알래스카로 보내. 이누이트에게 꼬불꼬불면 1만 상자를 팔기 전엔 오지도 말라고 해."

수염왕이 짜증을 내며 전화를 끊었어. 그리고 하얀 레이스 손수건을 주머니에서 꺼내 목 뒤에 흐르는 땀을 닦았어.

'짜증을 내니 덥구먼. 아니지, 아까부터 뭔가 상당히 더운 느낌이야.'

수염왕이 주위를 두리번거렸어.

"땀이 줄줄 흐르는데 누가 에어컨을 끈 거야?"

수염왕이 탁자 위에 놓인 리모컨으로 에어컨을 켰어.

"왕사장님, 거실 에어컨은 커서 전기 요금이 많이 나와요. 전기 요금을 절약하는 건 제 일이에요."

어디선가 일성공이 나타나 거실 에어컨을 껐어. 그리고 마당에 넌 이불을 걷으러 나갔어.

"오빠 때문에 더 덥죠? 이거 마시고 참아 보세요."

일마리가 수염왕에게 얼음물을 건넸어. 그리고 주방으로 가서 식탁 의자에 앉아 대야에 발을 담갔어. 물 위로 얼음이 동동 떠다녔어.

"뭐하냐?"

"찬물에 발 담가요. 이러면 계곡물에 발 담근 것처럼 시원해요. 에어컨 켜서 오빠 잔소리 듣는 것보다 나아요."

"난 집 없어서 다리 밑에서 살았을 때도 그렇게 절약하진 않았다. 지독하구먼."

수염왕이 혀를 찼어.

"절약하지 않으니까 다리 밑에서 살지. 근데 난, 그 비싼 빨래 건조기가 왜 필요한지 모르겠어. 햇볕에 말리면 소독도 되고 이렇게 뽀송뽀송하고 햇볕 냄새도 좋은데……."

일성공이 거실로 들어오며 중얼거렸어. 하지만 목소리가 꽤 컸지.

'내 집에서, 저 녀석에게 급여를 주며, 잔소리를 들을 순 없어!'

수염왕 얼굴이 붉으락푸르락했어.

"저를 해고하신다고요? 제가 일을 잘못했나요?"

일성공이 수첩과 볼펜을 탁자 위에 놓고 소파에 앉았어.

'일을 잘하고 못하고는 상관없어. 네 잔소리가 듣기 싫은 거니까.'

수염왕은 음흉한 미소를 지으며 두 손을 저었어.

"아니 아니, 넌 아주 잘해 주었어. 단지 지금은 네가 할 일이 없어진 것뿐이야. 세바스찬 산책은 내가 할 거야. 청소는 로봇 청소기가 할 거고, 정원 가꾸기는 이 정도면 충분해. 떡볶이는 물렸거든."

"정말인가요? 제가 일을 못해서 그만두라는 게 아니라, 왕사장님 사정 때문에 그만두라고요?"

일성공이 시무룩한 표정을 지으며 고개를 숙였어. 목소리도 살짝 떨리는 것 같고 눈에 눈물이 스르륵 차올랐어.

"그렇다니까 네 잘못은 없어."

수염왕이 일성공을 달랬어. 아이를 울렸다고 미안해할 리는 없지만, 수염왕도 나쁜 사람이라고 비난받는 건 싫거든.

"그럼 괜찮아요, 쓰읍. 분명히 제 잘못 아니라고 왕사장님이 인정하신 거죠."

일성공이 손등으로 눈을 쓱 훔치고 씩 웃었어. 갑자기 목소리도 밝아졌지.

"진짜 괜찮은 거 맞아?"

"물론이죠. 왕사장님 사정 때문에 제가 퇴직하는 거니까, 실업

급여도 받는 거죠? 퇴직금은 당연히 받고요. 저번에 같이 알아봤잖아요. 회사 사정 때문에 실업자가 되면 실업급여를 받는다고요. 고용보험이랑 산업재해보험은 노동자를 보호하는 보험이니까요."

일성공이 수첩에 '퇴직금, 실업급여'라 적고 밑줄을 그었어.

"퇴직금이랑 실업급여 받아서 뭐하게, 또 저축하려고?"

"네, 금리 5%인 1년짜리 정기예금이랑 정기적금을 들 거예요. 1년 뒤에 예금한 돈을 받아서 새 냉장고를 살 거예요."

"냉장고라니, 역시 독특해! 그런데 어쩌지? 네 경우는 퇴직금도, 실업급여도 받을 자격이 안 된다. 겨우 2주 동안 근무했잖아. 무엇보다 넌 고용보험료, 산업재해보험료를 내지 않았다고."

수염왕이 딱 잘라 말했어.

예금의 종류

너 은근히 저축에 관해 많이 아는구나.
정기예금이랑 정기적금은 또 뭐야?

은행에 저축하는 목적에 따라 저축하는 방법이 나뉘어요. 보통예금, 정기예금, 정기적금으로요.

♠ 보통예금은 언제든지 자기가 원하는 금액을 저축할 수 있어요. 마찬가지로 자기가 돈이 필요할 때는 언제든지 돈을 되찾을 수 있죠.

♥ 정기예금은 한꺼번에 큰돈을 저축하는 예금이에요. 하지만 아무 때나 돈을 찾을 수는 없어요. 만약 1년짜리 정기예금이면, 예금한 뒤 1년이 지나야 예금한 돈과 이자를 찾을 수 있고, 10년짜리 정기예금이면 10년이 지나야 돈을 찾을 수 있어요. 큰돈이 있을 때 사용하면 좋은 저축 방법이죠.

♦ 정기적금은 일정한 기간에, 정해진 날짜 간격으로, 정해진 금액을 저축해요. 저는 3년 동안, 매월 25일에, 1만 원씩 저축하는 정기적금을 들었어요. 3년이 지나면 저축한 돈과 이자를 찾을 수 있죠. 정기적금은 보통 한 달마다 입금하는데 요즘은 1주일 간격으로 입금하는 정기적금도 있어요. 조금씩 돈을 모아서 큰돈을 만들 때 사용하면 좋아요.

예금의 종류

 이해가 안 되는군. 나라면 정기예금, 정기적금은 절대 안 들어. 내 돈을 내 마음대로 찾을 수 없는 건 싫다.

 정기예금과 정기적금은 보통예금보다 금리가 높아요. 그리고 정기예금, 정기적금도 기간이 다 되지 않아도 저축한 돈을 찾을 수는 있어요. 대신 처음 약속한 금리대로 이자를 받을 수는 없어요. 고객이 약속을 어긴 거니까 이자를 조금 받죠.

 금리랑 이자랑 같은 말이야?

 금리는 이자율을 말해요. 예를 들어 금리가 5%인 예금에 10,000원을 예금하면, 1년 동안 받은 이자가 10,000원×5%(0.05)=500원이에요. 보통예금은 1달마다 이자를 줘요. 정기예금과 정기적금은 약속한 기간이 지나면 이자를 한꺼번에 줘요.

흥, 이자도 소득이니까 세금을 내겠군.

예금의 종류

그런데 열세 번째 월급이 뭐야?
난 1년에 열두 번만 월급을 준다고.

왕사장님, 혹시 연말정산과 세금 환급을 아세요? 여기 월급 통장을 보면, 2월에 '세금 환급'이라며 돈이 입금되었어요. 이 돈을 장난 삼아 열세 번째 월급, 13월의 월급이라고 해요. 하지만 늘 받는 상황만 있는 건 아니에요. 국세청에 돈을 더 내는 상황도 있어요.

이상한 국세청이네. 세금을 받아갈 때는 언제고 돌려주는 건 또 뭐야? 그리고 매달 월급에서 소득세를 냈는데, 돌려주는 건 1년에 딱 한 번뿐이잖아.

회사가 근로자에게 월급(급여)을 줄 때 소득세를 미리 떼고 주잖아요. 근로자로선 소득이 생기기 전에 소득세부터 낸 거죠. 그런데 이 소득세 금액이 정확하지 않아서, 근로자가 내야 하는 소득세와 이미 낸 소득세 금액이 다르죠.

연말정산과 종합소득세 신고

 소득세를 잘못 내는 거라고?

 똑같은 회사에서 똑같은 금액의 월급을 받는 직원이면, 회사에선 똑같은 금액을 소득세로 국세청에 내요. 하지만 실제 소득세는 영향을 주는 요소들이 있어요. 돌보는 가족이 많을수록 소득세를 적게 내고 교육비나 의료비 등을 지출했으면 또 소득세를 낮춰 주거든요. 하지만 회사는 직원들의 사정을 모르니 같은 금액의 월급을 받으면 똑같은 금액을 소득세로 낸 거죠.

♥ 그래서 연말에 이런 요소들을 계산해서 실제 내야 하는 소득세 금액을 계산해서 국세청에 신고해요. 이걸 연말정산이라고 해요. 다음 해 2월에 내야 하는 소득세보다 소득세를 더 많이 냈다면 환급(돈을 돌려받음) 받고, 적게 냈다면 추가로 더 내고요.

연말정산과 종합소득세 신고

근데 월급 받는 근로자만 소득세를 내는 건 아니잖아.

물론이죠. 일한 대가로 급여를 받는 근로자는 근로소득이 있는 거죠. 근로소득만 있는 사람은 연말정산을 하면 되죠. 하지만 근로소득과 임대소득이 있는 사람도 있고, 사업소득과 이자소득이 있는 사람도 있어요. 그런 사람은 올해 5월에 작년 한 해 동안의 모든 소득을 종합해서 계산하고 국세청에 신고해요. 이걸 종합소득 신고라 하고, 종합소득에 대해 납부하는 세금을 종합소득세라고 해요. 당연히 종합소득세를 낸 사람도 소득세를 더 많이 냈다면 환급받아요.

♠ 참, 소속된 회사가 없는 프리랜서도 연말정산을 할 수 없으니까 종합소득세를 내요.

6
저는 개미입니다

"왕사장님, 아침 식사하고 출근하세요."

일성공이 앞치마에 손을 닦으며 주방에서 나왔어.

수염왕은 일성공을 해고하지 못했어. 일성공의 잔소리는 싫지만, 일성공의 능력을 꽤 만족스러웠거든.

"바빠. 아침 먹을 시간 없어."

"제가 6시에 일어나서 불고기랑 잡채, 시금치 된장국을 만들었어요."

"그건 시간 낭비, 돈 낭비야. 생활비를 줄인다며? 누가 이 바쁜 아침에 그 많은 반찬을 먹는단 말이냐. 그리고 난 아주 바쁜 사람이야. 왕사장의 1분은……."

"수백만 원의 가치가 있죠."

일성공이 어깨를 으쓱하며 수염왕의 뒷말을 대신했어. 수염왕이 하루에 서너 번은 하는 말이야.

"그렇지. 넌 돈만 절약할 게 아니라, 시간도 절약해야 해. 나 같은 부자는 시간이 돈이거든."

수염왕은 일성공에게 잔소리할 수 있어서 기분 아주 좋았어.

"오빠, 이 기사 봤어? 꼬불꼬불면 공장에서 사고 났대."

영어 학원에서 돌아온 일마리가 스마트폰에서 인터넷 기사를 찾아 일성공에게 내밀었어.

《오늘의신문》의 '꼬불꼬불면 공장에서 직원 부상 …… 근본적 변화 필요'란 기사였어.

> 꼬불꼬불면의 생산 공장에서 사고가 났다. 밀가루 반죽에 비법 소스를 섞는 기계에 직원의 손이 끼인 사고가 발생했다. 사고를 당한 직원은 병원으로 옮겨졌다. …… 공장 노동자들은 '예견된 사고'라며 회사를 비난했다. 기계에 안전장치를 설치하지 않았고, 2인 1조로 일해야 하지만 사고당한 노동자는 혼자 작업하다 사고를 당했다는 것이다. 한편 소비자들은 노동자의 안전을 무시하는 ㈜왕식품의 제품을 사지 말자며, 불매운동에 나섰다.

일성공이 기사를 읽었어.

"아빠한테 메일 보낼까? 아빠가 ㈜왕식품 노동조합장이잖아."

일마리가 물었어.

"아빠가 노동조합을 만들었지만 지금은 조합장이 아니야. 그리고 아빠, 지금 외국에 있잖아."

일성공이 고개 저었어.

"왕사장님도 깜짝 놀랐겠지? 사고당한 노동자한테 엄청 미안하겠지?"

일마리가 빈 그릇과 수저를 개수대에 놓았어.

"그렇겠지. 그러니까 아직 퇴근 못……. 어! 왕사장님, 오셨어요?"

일성공이 거실로 들어오는 수염왕에게 달려갔어.

일마리도 쪼르르 달려 나오다가 방향을 바꿔서, 리모컨을 찾아 거실 에어컨을 켰어.

"내 집에 오지, 그럼 가리?"

수염왕이 방문을 쾅 닫았어.

꼬불꼬불면의 생산 공장에서 사고가 난 지 일주일이 지났어.

㈜왕식품 대표가 대국민 사과를 하지 않고 버티자, 소비자들의 불매운동이 거셉니다. 팔리지 않는 꼬불꼬불면이 반품되고 매출은 뚝 떨어졌습니다. 이에 따라 ㈜왕식품 주가가 떨어지면서 주주들의 원성이 높습니다.

"큰일이네."

8시 뉴스를 보다 일성공이 중얼거렸어.

"어린이가 걱정할 일이 아니야. 걱정해도 소용없고, 너랑 상관도 없잖아."

수염왕이 텔레비전을 끄며 투덜거렸어.

"다친 분이랑 소비자한테 사과……."

일마리가 수염왕 눈치를 보며 말했어.

"뗵! 잘못한 게 있어야 사과를 하지. 기계에 안전장치를 설치하지 않은 건 공장장이야. 다친 직원도 잘못이 있어. 기계가 작동하는 걸 잘 보고 조심조심 일했어야지. 왜 다쳐서 날 욕먹게 하냔 말이야! 잘못도 없이 욕먹는 내가 제일 억울해!"

수염왕 목소리가 커졌어.

"그래도 왕사장님이 회사 최고 책임자니까요."

"떽! 잘못한 것도 없는데 사과하면, 내가 잘못한 거 같잖아. 기세가 중요해, 절대 사과하지 않고 버티는 강한 기세! 나, 수염왕은 기세왕이야!"

수염왕은 고개를 들고 단언했어.

"지금 이런 말하긴 좀 그런데요, 이번 사고 때문에 ㈜왕식품 주가(주식 가격)가 8,000원에서 6,400원으로 떨어졌어요. 자그마치 20%나 하락했다고요. 그만큼 주주가 손해를 봐요."

일성공이 수염왕 옆에 바짝 다가가 앉았어.

"네가 무슨 상관이냐! ㈜왕식품은 내 거야. 수염왕가에서 전해지는 전통 비법으로 꼬불꼬불면을 만든 게 바로 나니까."

수염왕이 귀찮다는 듯 손을 저었어.

"아니에요. ㈜왕식품은 주식회사이고, 주식이 있는 주주들이 회사의 주인이에요. 저도 ㈜왕식품 주주예요. 소액주주, 일명 개미요."

"뭐, 뭐라고? 네가 우리 회사 주주라고?"

수염왕이 일성공을 빤히 봤어.

"아빠가 주식 계좌를 만들어 줘서 ㈜왕식품의 주식을 샀어요."

일성공이 스마트폰에서 황금 증권회사 앱을 보여 줬어.

"진짜네."

수염왕이 중얼거렸어.

"누가 너더러 내 회사, 아니 우리 회사의 주주가 되랬어? 네 아빠냐?"

감히 요런 꼬맹이가 회사의 주인 행세를 하다니, 수염왕은 짜증이 났어.

"아뇨, 제가 선택했어요. 작년에 슬그머니나라에 꼬불꼬불면이 수출된다는 기사를 봤어요. 그래서 5살 때부터 저축했던 돈으로 ㈜왕식품 주식을 샀어요."

"그 기사를 보고 샀다고, 왜?"

"우리나라랑 사이가 안 좋은 슬그머니나라에 꼬불꼬불면을 수출할 정도면, 꼬불꼬불면이 전 세계에 수출되어 ㈜왕식품의 매출이 많아질 거라 예상했으니까요."

"맞아. 그때부터 내 회사, 아니 우리 회사가 돈을 왕창 벌었어."

"네, 제 예상대로 매출이 늘어나니까 주가도 올라갔고요."

일성공이 고개를 끄덕였어.

'호, 요 녀석 봐라. 돈에 관심 많은 건 알았지만 주식 투자까지 한다고? 역시 보통내기가 아니구먼.'

수염왕이 눈을 갸름하게 뜨고 일성공을 위아래로 훑어봤어.

"주식이 있어도 넌 개미, 난 대주주야. ㈜왕식품의 주식 50%가 내 거야. 그러니 개미는 회사 일에 참견 말고 수학 문제나 풀어."

"아무튼 이번 사건에 대책을 알려 주세요. 소액주주 카페도 회사 경영진의 대책을 요구하고 있어요."

일성공이 팔짱을 꼈어.

"개미가 모여 봐야 개미지. 훅 불면 날아간다고!"

"개미군단을 무시했다간 큰코다칠걸요."

"풋, 네가 개미군단 우두머리라는 '총알개미'라도 돼?"

총알개미는 주주총회에 소액주주 대표 5인을 보내서 수염왕을 ㈜왕식품 대표이사에서 내쫓으려고 한 소액주주들의 대표야.

"전 '녹색머리개미'예요."

일성공이 씩 웃으며 자기 앞머리를 가리켰어. 그러고 보니 일성공의 앞머리 일부가 녹색이야.

꿀꺽. 수염왕이 마른침을 삼켰어. 팔자수염은 긴장으로 파르르 떨렸지.

　녹색머리개미는 ㈜왕식품 게시판에 매일 글을 써서 회사 일에 참견하는 소액주주야.

　'제일 성가신 개미를 집 안에 들이다니.'

　수염왕은 속이 부글부글 끓었어.

"내 회사를 주식회사로 바꾸는 게 아니었어! 너 같은 코찔찔이가 내 회사의 주인이라고 주장하는 걸 보다니!"

수염왕이 탄식했어.

"그런 가짜 뉴스 퍼트리지 마세요. 저는 6살 이후로 콧물을 흘린 적 없어요!"

일성공이 단호하게 검지를 세워 흔들었어.

주식회사, 주식, 주주

왜 왕사장님은 회사를 주식회사로 바꾸셨어요?

처음엔 포장마차에서 꼬불꼬불면을 만들어 팔았어. 꼬불꼬불면이 엄청나게 잘 팔렸지. 그래서 '왕식품'이란 회사를 만들려고 했는데 자금(돈)이 100,000,000원이나 필요하더라고. 공장을 짓고 기계도 사고 직원도 뽑아야 했으니까. 그래서 1,000원짜리 주식 100,000(=100,000,000원÷1,000원)주를 발행해서 팔았지.

아, 그 주식을 산 사람들은 주주가 된 거군요. 주식은 그 회사의 주인이라는 증거니까요.

응, 그래서 '왕식품'은 ㈜왕식품이 됐어. ㈜가 주식회사를 표시하는 건 알지? 아무튼 주주들은 꼬불꼬불면이 잘 팔리니까 ㈜왕식품에 투자한 거지.

주식회사, 주식, 주주

오늘 공장에서 불행한 사고가 있기 전에 ㈜왕식품의 주식은 8,000원이었어요. 1,000원짜리 주식이 8,000원으로 8배나 올랐네요.

꼬불꼬불면이 워낙 잘 팔리고, 새로운 상품도 끊임없이 개발해서 ㈜왕식품이 성장하고 이익도 많아졌으니까. 주식회사가 성장하면, 그 회사의 주식도 가치가 점점 높아져.

주식의 가치가 오른 만큼 주주도 돈을 벌고요. 하지만 오늘 ㈜왕식품의 직원 사고 때문에 주가(주식의 가격)가 6,400원으로 떨어졌어요.

주식을 사기만 하면 다 오르는 건 아니야. 그럼 주식을 사는 사람이 다 부자가 되게? 주식회사가 돈을 많이 벌고 발전하면 주식이 오르고, 그렇지 않으면 주식 가격이 떨어지는 거지. 이번 사고 같은 이유 때문에도 주식 가격이 떨어질 수 있고.

투자란?

㈜왕식품의 주가가 떨어졌으니, 회사를 경영하는 대표이사가 대책을 내야죠.

떽! 주식회사의 주주가 회사의 주인이라며? 그러니 회사가 잘되면 같이 돈을 벌고 회사가 망하면 같이 손해를 봐야지.

주주들이 회사의 주인이지만, 회사 경영은 대표이사에게 맡긴 거잖아요. 왕사장님이 공장 기계에 안전장비를 설치하라고 지시하고 관리했으면 사고는 일어나지 않았고요.

흠, 그러니 투자를 잘해야지. 원래 주가는 오를 수도 있고 떨어질 수도 있어. 회사에 문제가 있어서 주가가 떨어질 수도 있고 회사 이익이 많아져서 주가가 오를 수도 있지. 또 경제 사정에 영향을 받기도 하고. 작년에 밀농사가 흉작이어서 ㈜왕식품의 식품이 아주 많이 팔렸어. 그래서 주가가 확 올랐지. 그러다 흑진주나라의 쫄면 회사가 우리나라에 들어와서 잘 팔렸거든. 그래서 꼬불꼬불면이 잘 팔리지 않았고 주가는 쑥 내려갔지.
그러니까 주가가 이번엔 좀 떨어졌지만, 언제라도 다시 오를 수 있어. 그리고 봄에 주주들은 배당금도 받았잖아.

투자란?

 아, 맞다. 배당금을 받았을 때 기분 좋았어요. ㈜왕식품이 번 이익금을 주식 수에 따라서 배당받았죠.

 근데 말이야, 넌 어린데 왜 주식에 투자하는 거냐? 은행에 저축하면 이자를 준다며. 투자는 위험할 수 있어. 회사가 망하면 네가 투자한 돈을 몽땅 잃을 수도 있다고.

 돈을 벌려면 직장에 취직하거나 사업을 하며 '노동'을 해야 해요. 전 아직 어려서 노동을 할 수 없고요. 그런데 투자도 돈을 버는 방법이잖아요. 투자를 잘못하면 손해를 볼 수 있지만, 투자를 잘하면 은행 이자보다 돈을 더 벌 수 있고요. 그래서 투자할 회사를 선택할 때는 그 회사를 많이 알아보고 신중하게 결정해요.

7.
너는 얼마나 믿을 만한가, 신용

"이런 이런, 내가 적의 우두머리를 집에 들였군. 당장 저 녀석을 내쫓아야겠어."

수염왕은 신경질적으로 팔자수염 끝을 질겅질겅 씹었어.

녹색머리개미와 한집에 있다니, 소름이 쫙 끼쳤어.

'약점을 잡아서 날 대표이사 자리에서 쫓아내려는 수작이었나? 설마! 일잘해 부장이 고지식하고 노동자 편을 많이 들긴 하지만 날 미워하진 않아. 아니, 미워하진 않을 거야. 미워하진 않겠지? 그래, 좋아하진 않더라도 자기 자식을 이용해서 날 괴롭힐 정도로 치사하진 않아.'

수염왕은 일성공이 불편해졌어.

"왕사장님, 혼자 계세요? 오빠는 아직 집에 안 왔죠?"

영어 학원에 갔던 일마리가 두리번거리며 거실로 들어왔어.

"오빠인지 개미머리인지는 아직 안 왔다. 다른 집으로 가면 참으로 고맙겠다."

수염왕이 말했어.

"아휴, 왕사장님은 농담을 진담처럼 하시네요."

일마리가 싱긋 웃으며 수염왕 옆에 앉았어.

"저리 가."

수염왕이 엉덩이를 옆으로 밀어 앉아, 일마리와 떨어졌어.

"제가 꼭 드릴 말씀이 있어요, 오빠 몰래요."

"오빠 몰래? 녹색머리개미 몰래?"

수염왕이 일마리를 돌아봤어.

"네, 오빠 알면 난리 날걸요. 엄마도 아니면서 얼마나 잔소리를 오래 하는데요."

일마리가 입을 삐죽거렸어.

"호! 그래. 잔소리 많은 건 나도 이미 자-알 알지."

"맞아요."

"그래, 녹색머리개미 몰래 나한테 할 말이 뭐냐?"

수염왕이 미소 지은 채 일마리에게 물었어.

"돈 좀 빌려주세요."

"싫어. 넌 경제 신용 점수가 빵점이야."

수염왕은 휙 일어나서 자기 방으로 휭 들어가 버렸어.

'뜨앗!' 일마리가 손바닥으로 자기 이마를 세게 쳤어. 뭔가 대책이 필요했지.

"왕사장님, 제가 마라 카레맛 볶음꼬불면을 만들었어용."

일마리가 수염왕 방문 틈으로 얼굴을 빼꼼 내밀었어.

"안 먹……. 응, 이 냄새는……?"

매콤하고 기름진 냄새가 문틈으로 들어왔어. 수염왕이 킁킁 코를 실룩거렸어. 홀린 듯 수염왕이 흔들의자에서 스르륵 일어나 주방으로 향했어.

"이건 예술 작품, 넌 예술가다."

수염왕은 커다란 프라이팬에 코를 박고 마라 카레맛 볶음꼬불면을 입에 밀어 넣었어.

"물도 드세요."

일마리가 수염왕 앞에 얼음물을 내려놨어.

"흠. 그래, 돈을 빌려 달라고? 어디에 쓰게?"

수염왕이 입가에 묻은 소스를 냅킨으로 닦았어.

"비밀이에요."

"비밀……? 그래, 어린이도 비밀이 있을 수 있지. 근데 말이야, 난 신용 없는 사람에게 돈을 빌려주는 바보가 아냐."

"저 신용 있어요. 진짜 친구랑 약속하면 꼭 지킨다고요."

"친구랑 한 약속을 지키는 신용이랑 경제 신용은 달라. 넌 경제 신용은 빵점이야."

"제가 요리해 드렸잖아요. 맛있다면서요."

수염왕이 단호하게 말하자 일마리가 울상이야.

"그렇지. 그래서 말이야, 내가 이 요리 비법을 사 줄게. 특별히 100만 원에 사마."

"우와! 100만 원이나 주신다고요, 저한테요?"

"그럼 그럼. 넌 부자가 되는 거야."

"오빠보다 더요?"

"당연하지. 당장 계약서를 쓰자꾸나."

수염왕이 서둘렀어.

"잠깐만요!"

언제 들어왔는지 일성공이 달려왔어.

"우리 마리의 요리 비법을 사시려면 계약금이랑 로열티를 주셔야죠."

일성공이 일마리 앞을 막아섰어.

"오빠는 빨리 방에 들어가. 난 왕사장님이랑 계약할 거야."

일마리가 일성공을 밀었어.

"넌 계약할 줄도 모르잖아. 그리고 너는 어린이라서 법적인 권리도 없어. 법적 대리인이 대신 계약해야 해."

"나도 다 알아. 내가 할 수 있다고. 그런데…… 법적 대리인이 누구야?"

일마리가 얼굴을 찡그렸어.

"누구긴, 아빠지! 아빠가 돌아오실 때까지 기다려."

"안 돼. 나 돈 있어야 해. 이번엔 진짜 돈이 꼭 필요해."

"돈을 어디에 쓰려고?"

"토요일에 쟈스민 생일 파티에 가야 해."

"생일 파티에 간다고?"

이번엔 수염왕이 남매의 대화에 끼어들었어.

"그것도 그렇지만……. 일단 쟈스민 집에 가야 하니까요."

일마리가 얼굴을 붉히며 몸을 배배 꼬았어.

"으휴, 내가 너 때문에 못 살아. 쟈스민은 붉은꽃나라에 살잖아."

일성공이 고개를 저었어.

"뭐? 붉은꽃나라……?"

"오빠……."

일마리가 일성공을 흘겨봤어.

"그렇구나. 그럼 쟈스민 생일이 지나기 전에 붉은꽃나라에 가야겠구나. 선물도 사야 하고. 그러려면 당장 돈이 필요하네, 그렇지?"

수염왕이 코 밑을 살살 긁으며 씩 웃었어.

"계약서 쓰면, 지금 당장 돈을 주마, 크크크."

"정말요? 지금 바로요?"

일마리가 두 손을 가슴에 모으고 몸을 흔들었어.

이때 얼른 일성공이 끼어들었어.

"돈은 없지만, 아빠 신용카드 있어. 아빠가 비상 상황일 때만 쓰라고 주셨거든. 그걸로 기차표랑 생일 선물 사면 돼."

"진짜야? 신용카드로 다 살 수 있어? 신난다!"

일마리가 두 팔을 번쩍 들었어.

"내 방에서 우리끼리 얘기하자. 내가 이모한테 전화해서 붉은꽃 나라에 같이 가 달라고 부탁할게."

일성공이 수염왕을 힐끔 보더니, 일마리 팔을 잡아 자기 방으로 이끌었어.

'쳇.'

수염왕이 입맛을 다셨어.

신용과 신용카드

 저는 약속을 잘 지키는 신용 있는 사람이에요. 그런데 왜 경제 신용은 빵점이라고 하세요?

 넌 네 오빠에게 빌린 돈을 갚지 않았어. 오빠의 체크카드를 몰래 가져가서 네가 좋아하는 가수의 캐릭터 상품도 잔뜩 샀지. 그러니 네 경제 신용이 아주 낮을 수밖에.

♠ 경제 신용이란 이런 거야. 네가 돈을 빌리면 꼭 갚을 사람이라 믿을 수 있으면 넌 경제적 신용이 있는 거야. 너에게 재화(상품이나 서비스)를 먼저 주면 약속한 시각 안에 네가 꼭 갚을 수 있을 거라 믿는 것도 경제적 신용이지.

 다음 달 용돈 받으면 오빠한테 갚을 거예요. 그러니까 그것 때문에 지금 돈을 안 빌려주는 건 너무해요.

 도서관에서 책을 빌리면 2주 안에 반납해야 해. 그런데 어떤 사람이 책을 빌려서 4주가 지나서 반납했어. 그런데 이 사람이 다른 책을 빌리려고 해. 그러면 도서관은 책을 또 빌려줘야 할까?

신용과 신용카드

 당연히 안 되죠. 책 반납 약속을 어긴 사람을 어떻게 믿고 다시 책을 빌려줘요.

 그렇지. '2주 안에 반납하기'로 한 약속을 어긴 신용 없는 사람이니까. 그래서 도서관은 책을 늦게 반납한 사람에겐 일정 기간 책을 빌려주지 않아. 반납 약속을 어긴 벌칙을 주는 거지. 돈 역시 마찬가지야. 빌린 돈을 갚지 않아서 경제 신용이 없는 사람에겐 돈을 빌려주지 않아.

 그럼 저도 신용카드를 만들래요. 신용카드는 돈 없어도 물건을 살 수 있잖아요.

 신용카드를 사용하는 건 상품을 외상으로 사는 것과 같아. 네가 초콜릿을 사 먹고 신용카드로 결제했어. 그다음에는 카드 요금(초콜릿값)을 내야 해. 만약 카드 요금을 내지 않으면 신용카드 회사는 그만큼 손해를 보지. 그래서 경제적으로 믿을 수 있는 사람, 신용카드로 사용한 돈을 꼭 갚을 사람에게 신용카드를 만들어 줘. 그러니 넌 아직 신용카드를 만들 수 없어.

신용과 신용카드

은행에서 신용카드를 안 만들고, 그냥 돈을 빌리는 건요?

맞아, 은행의 기능 중에 돈을 빌려주는 '대출'의 기능이 있어. 하지만 은행은 우리의 경제적 신용이 얼마나 높은지 점수를 매겨. 그래서 신용 점수가 높은 사람에게만 돈을 빌려준다고. 약 올리려는 건 아니지만, 그렇게 미리미리 신용을 쌓았어야지. 쯧쯧.

'마라 카레맛 볶음꼬불면' 비법을 ㈜왕식품에 팔 거야. 계약서에 '일마리에게 계약금과 로열티를 준다.'라고 쓰면 되지? 그런데 '로열티'가 뭐야?

로열티는 기술이나 작품 등을 사용하는 대가로 받는 돈이야.

♠ 새로운 기술을 개발하거나 새로운 약을 개발하면 특허를 내. 자신이 가장 먼저 그 기술을 개발했다는 것을 인정받고, 그 권리에 대한 권리(특허권)가 생기지. 그러면 그 기술을 사용하려는 사람은 특허권자에게 돈(로열티)을 내야 해.

로열티

♥ 문학, 음악, 미술 작품 등은 창작자에게 권리(저작권)가 있어. 가요 CD를 사거나 다운로드하려면 돈을 내야 해. 그 돈의 일부는 그 노래의 저작권자(작곡가, 작사가, 가수)가 받아.

♣ 출판사는 책을 팔면, 그 책값의 일부를 작가에게 줘야 하지.

◆ 만화, 애니메이션, 게임에 나오는 캐릭터를 사용할 때도 로열티를 줘야 해.

♠ 이처럼 남의 기술이나 작품 등을 사용하고 주는 돈을 로열티라고 해. 《포켓몬스터》는 일본 게임 회사가 만든 게임이야. 그런데 '포켓몬스터빵'에 《포켓몬스터》의 캐릭터 스티커가 들어가지? 빵 회사가 게임 회사에게 포켓몬스터 캐릭터를 사용하도록 허락받고 그 대가로 로열티를 줘. 《포켓몬스터》를 연극으로 공연할 때도, 캐릭터 인형을 만들거나 학용품에 캐릭터 그림을 그릴 때도 《포켓몬스터》를 만든 게임 회사에 허락받고 로열티를 내야 해.

로열티

 아, 그래서 ㈜왕식품에 내 '마라 카레맛 볶음꼬불면' 비법을 계약하면 로열티를 받는구나.

 맞아. 예전에 개그맨 이경규 씨는 텔레비전 프로그램에서 자기가 개발한 라면 제조 방법을 보여 줬어. 라면 회사는 이경규 씨에게 그 제조 방법을 사용하는 계약을 맺고 〈꼬꼬면〉이란 라면을 만들었어. 이경규 씨는 〈꼬꼬면〉이 팔릴 때마다 〈꼬꼬면〉 가격의 일부를 로열티로 받아. 네가 ㈜왕식품과 계약하면, 〈꼬꼬면〉처럼 〈마라 카레맛 볶음꼬불면〉이 팔릴 때마다 계약한 금액을 로열티로 받을 수 있어.

 회사에 출근하거나 사업을 하지 않아도 돈을 버는 방법이 있구나. 신기하다.

8
어린이도 중요한 경제활동을 해요

㈜왕식품과 일마리가 '마라 카레맛 볶음꼬불면' 계약을 하고, 넉 달이 지났어. ㈜왕식품은 〈마라카레 볶음꼬불면〉을 출시했지.

그사이 일잘해 부장이 귀국해서 일성공, 일마리는 자기 집으로 돌아갔어.

그런데 오늘 일잘해 부장 가족이 수염왕 집을 찾아왔어.

"선물이야. 내가 샀어."

일마리가 세바스찬에게 커다란 양고기 육포를 내밀었어.

맹렬하게 꼬리를 흔들던 세바스찬이 육포를 살짝 물어서 자기 방석으로 돌아갔어.

"우리 세바스찬이 요즘 기운이 없어서 걱정했는데, 식욕은 왕성하네. 세 사람은 저기 나란히 앉아."

수염왕이 세바스찬을 보고 웃다가, 일잘해 부장 가족에게 소파를 가리켰어.

"우리 애들이 왕사장님을 뵙고 싶다고 해서 찾아왔습니다."

일잘해 부장의 말에, 수염왕의 팔자수염이 스르륵 올라갔어.

일성공과 일마리는 얼굴 가득 미소를 지었지.

"〈마라카레 볶음꼬불면〉의 계약금을 받았어요. 저 이제, 부자래요. 다 왕사장님 덕분이에요. 그래서 선물 드리려고요."

일마리가 무릎에 올려놓은 쇼핑백을 수염왕에게 건넸어.

쇼핑백 속엔 No.1 봉제인형이 달린 털실내화가 들어 있었어.

"겨울엔 발 시리니까."

일마리가 싱긋 웃었어.

"땀나도록 따듯하구나. 고맙다. 그런데 너는 뭐가 불만이냐? 동생만 부자가 돼서 질투하냐? 크큭."

수염왕이 눈을 가늘게 뜨고 일성공의 표정을 살폈어.

"왕사장님이 공장 안전사고에 대해 국민에게 사과하고, 〈마라카레 볶음꼬불면〉도 출시되었잖아요. 그래서 ㈜왕식품 주식이 올랐고요. 큰맘 먹고 7주 팔아서 자전거 샀어요."

일성공의 얼굴에 자부심이 퍼졌어.

"다친 직원에게 보상도 빵빵하게 해 주고 병문안도 갔다."

수염왕이 일성공을 쓱 쳐다보았어.

"안 그러면 감옥 간다고 네가 그랬잖아. 아무튼 이게 다 내 덕분이야. 어린이의 재능도 무시하지 않는 열린 마음 때문이고. 게다가 난 어린이와 계약해도 정당한 대가를 지불해. 능력 있는 회사 대표, 훌륭한 어른이지."

수염왕이 팔자수염을 흑 쓸어 올리며 고개를 끄덕였어.

"근데요, 내 돈인데 아빠랑 오빠가 맘대로 못 쓰게 해요. 두 사람한테 말 좀 잘해 주세요."

일마리가 두 손을 고깔처럼 만들어서 수염왕 귀에 속삭였어.

"크킁."

수염왕이 간지러운지 귀를 긁었어. 그리고 일잘해 부장과 일성공에게 말했어.

"일마리가 번 돈은 일마리 거야."

"그럼요."

일잘해 부장이 고개를 끄덕였어.

"어휴, 마리가 경제관념 없는 건 다 잘 아시잖아요. 그냥 두면 돈을 몽땅 다 써 버릴 거라니까요. 저라면 계약금은 10년짜리 정기예금, 로열티로 받을 돈은 정기적금에 예금하겠어요."

일성공이 말했어.

"내가 오빠보다 더 부자야. 오빠처럼 돈을 절약하는 것보다 나처럼 돈을 잘 버는 게 부자 되는 지름길이야. 그리고 나 있는 곳에서 내 흉보는 건 아주 예의 없는 짓이야!"

일성공의 말에 일마리가 말했어.

"일마리 말이 맞다. 흉은 당사자 몰래 보는 게 예의야."

수염왕이 말했어.

"궁금해서 그러는데, 계약금 얼마나 썼어?"

수염왕이 일마리에게 슬쩍 물었어.

"아마 반 정도 썼을걸요. 제가 아빠 신용카드 쓴 거 내고, 붉은꽃 나라에 가서 쟈스민 생일 파티 해 줬어요."

"친구들한테 똑같은 운동화도 선물했잖아. 참나, 친구들끼리 똑같은 운동화라니. 정말 유치하다고."

일마리 말을 듣고 일성공이 핀잔을 줬어.

"남은 계약금은 어떻게 쓸 거냐?"

수염왕이 다시 일마리에게 물었어.

"제 피아노 사고 아빠 노트북, 오빠 스마트폰 사 줄 거예요."

일마리가 대답했어.

"마리야, 아빠 선물은 사지 마. 계약금이 네 피아노 살 정도밖에 안 남았어."

일잘해 부장이 일마리에게 말했어.

"진짜예요? 그렇지만 아빠 노트북 고장 났잖아요. 오빠 스마트폰은 오래되어서 액정에 금이 갔고."

"내 선물은 사지 마. 그리고 네 피아노를 포기하고 아빠 노트북을 사 드리는 건 어때? 선택은 네 마음이지만, 돈을 어떻게 쓰는지 합리적으로 선택했으면 좋겠다."

일성공이 일마리에게 말했어.

"치, 기껏 선물 해 준다고 해도 잔소리만 해. 계약금을 다 써도 난 부자야. 〈마라카레 볶음꼬불면〉이 팔리는 만큼 로열티를 받잖아."

일마리가 입술을 삐죽였어.

"돈을 마구마구 써도 부자인 사람은 나, 수염왕뿐이야. 좋아. 철없는 마리를 위해 내가 진실을 밝혀야겠어. 딱 한 번만 말할 거니까 잘 들어."

수염왕이 팔짱을 끼고 소파에 등을 기댔어.

"계약서를 꼼꼼히 읽어 보도록 해. 여섯 달 동안 〈마라카레 볶음꼬불면〉이 20만 개 이상 팔리지 않으면, 계약은 무효야. 팔리지 않는 제품을 만드는 건 회사에 손해니까 말이야. 그런데 지난 석 달 동안 10만 개도 팔리지 않았어."

수염왕이 경고하듯 손가락으로 흔들었어.

"아, 맞습니다. 저도 〈마라카레 볶음꼬불면〉이 많이 팔리지는 않을 거 같습니다. 마라와 카레 맛이 잘 어울리지 않는다는 소비자들의 평가도 있고요."

일잘해 부장이 고개를 끄덕였어.

"뭐라고? 많이 팔리지 않을 거라니, 그게 지금 ㈜왕식품 영업부장이 할 소리야? 당장 사표 내!"

수염왕이 버럭 화를 냈어. 하지만 일마리와 눈이 마주치자, 손으로 입을 가렸어.

일마리가 입술을 앙다문 채 뭔가 골똘히 고민하는 눈치였어.

"남은 계약금을 어떻게 쓸지 심각하게 고민해야겠어요. 어쩌면 오빠 말대로 몽땅 다 예금할지도 몰라요."

일마리가 진지하게 말했어.

"하하하, 우리 마리가 변했네. 아빠도 성공이에게 많이 배워야겠다."

일잘해 부장이 일성공과 일마리의 머리를 쓰다듬었어.

"나도 오빠한테 돈에 대해 배울게. 대신 화내지 말고 친절하게 가르쳐 줘야 해."

일마리가 슬쩍 천장을 보는 척하며 말했어.

"알았어. 너도 내 말을 잔소리로 듣지 말아 줘."

일성공이 말했어.

"좋군. 바람직한 해피엔딩이야. 그러니 다들 가 줘. 아주 피곤하군그래."

수염왕이 소파에서 일어나, 현관문을 가리켰어.

"안녕히 계세요."

일잘해 부장과 일마리가 수염왕에게 인사하고 현관 밖으로 나갔어.

일성공은 우물쭈물하더니, 수염왕에게 달려와 말했어.

"왕사장님, 저도 새로운 요리 비법을 연구 중이거든요. 맛이 좋으면 저랑도 계약해 주세요. 그리고 ㈜왕식품 공장에서 다친 분을 위로하고 보상도 충분히 해 주시고 대국민 사과도 하셨죠. 덕분에 ㈜왕식품 주가가 올랐어요. 감사합니다, 히힛."

일성공이 수염왕에게 꾸벅 인사하고 아빠와 동생을 뒤따라 나

갔어.

"저 녀석, 나만큼은 아니지만 꽤 부자가 되겠어."

수염왕이 일성공의 뒷모습을 보며 중얼거렸어.

왜 돈에 대해 배울까

너는 초등학생인데 왜 돈에 관심이 많니? 돈보다 중요한 것도 있다. 뭐, 건강이랄까, 예술이랄까, 화목한 가족이나 단짝 친구 같은 거 말이야.

왕 사장님 말씀에 100% 동의해요. 가족, 친구, 공부, 건강, 취미, 돈 다 중요하죠. 그런데 저는 어리지만, 어린이도 돈을 쓰고 경제 활동을 해요. 그러니 지금부터 스스로 돈을 벌어 보거나 돈을 관리하는 방법을 배우는 거예요.

♠ 제가 어렸을 때는, 용돈을 어떻게 썼는지 모르겠더라고요. 그런데 용돈 기입장을 써 보니, 내가 필요하지 않은 소비를 했는지 확인할 수 있고, 다음엔 꼭 필요한 소비만 하려고 노력하게 되었어요.

♥ 만약 자기가 사고 싶은 것과 사야 하는 것을 구분하지 못하면 어떻게 될까요? 정작 자기가 필요한 물건을 살 돈이 부족하죠. 그런데 필요한 소비는 하되 절약해서 하면, 절약한 돈으로 자기가 사고 싶은 것을 살 수 있다는 것을 깨달았어요. 그렇게 돈에 관심을 두고 관리했더니, '돈의 균형감'을 익히는 게 됐고요.

왜 돈에 대해 배울까

경제의 기본은 '합리적 선택'인데,
스스로 깨달았구나.

그런 셈이죠. 1만 원 있다면, 그 돈을 은행에 예금할지, 친구와 음료수를 사 먹을지, 마리 머리핀을 사 줄지, 가족이 함께 먹을 과일을 살지 선택해야 해요. 하나를 선택하면 나머지는 다 포기해야 하죠. 어려서부터 이런 선택을 해 보면 점점 더 합리적인 선택을 하게 되죠.

그렇게 합리적인 선택을 하고,
돈을 아끼고 모아서 부자가 되려는 거야?

부자가 되는 게 목표는 아니에요. 그리고 저는 주식에 투자하고 은행에 예금도 있지만, 제일 중요하게 생각하는 건 '절약'이에요. 돈은 누구나 벌 수 없지만 절약은 누구나 할 수 있잖아요. 전 쇼핑 리스트를 만들어서 꼭 필요한 물건만 사요. 기업들이 주는 포인트도 빠지지 않고 모으고, 쇼핑 후기를 써서 포인트를 얻고요.

♠ 절약하고 남은 돈은 은행에 예금하거나 투자하는 것, 제가 할 수 있는 걸 하는 거죠.

초등학생이 할 수 있는 돈 관리

일마리도 돈을 관리하는 방법을 배워 보겠다던데, 어떤 방법이 좋을까?

쉬운 것부터 해야죠.

♠ 첫째, 일마리는 용돈 기입장을 쓰라고 할 거예요. 수입(월급, 용돈)은 내 마음대로 할 수 없어요. 이미 금액이 정해져 있으니까요. 정해진 금액을 어떻게 쓰는지 선택하는 기술은 어려서부터 배우는 게 좋죠.

♥ 용돈 기입장을 쓰면, 올바른 소비 습관을 기를 수 있고 돈을 관리하는 기술도 늘어요.

♣ 둘째, 은행에 가서 저축 통장을 만들게 하려고요. 돼지 저금통에 저축하면 돈이 필요할 때마다 쉽게 저금통에서 돈을 꺼내 쓸 수 있어요. 또 통장에 저축한 돈이 차곡차곡 늘어나는 걸 보면 꽤 기분이 좋아서 더 저축하고 싶어지더라고요. 처음엔 보통예금을 해서 언제나, 얼마라도 자유롭게 저축하고 찾게 하고요, 마리가 저축에 익숙해지면, 정기적금을 들어서 일정한 금액을 저축하는 습관이 생겼으면 좋겠어요.

초등학생이 할 수 있는 돈 관리

◆ 셋째, 직접 돈을 벌게 할 거예요. 마리가 〈마라카레 볶음꼬불면〉으로 돈을 벌지만 그건 우연히 돈을 번 거예요. 이제부터 저희 집 쓰레기 버리는 일은 마리가 해요. 그 대가로 아빠가 마리에게 돈을 주기로 했고요. 돈을 벌려면 책임감이 있어야 하고 꾸준히 노력해야 한다는 사실을 알게 될 거예요. 그러면 돈을 함부로 쓰지 않게 되고 남은 돈을 저축하거나 투자할 수 있어요.

일정한 액수를 지출하고, 일정 비율은 저축하고, 항상 기부하는 것도 잊지 않을 거야.